LES
FOUS LITTÉRAIRES

Rectifications et additions

à

L'ESSAI BIBLIOGRAPHIQUE

sur la

littérature excentrique, les illuminés, visionnaires, etc.

DE

Philomneste junior.

par

Ac. Iv. Tcherpakoff.

— — ✳ — —

MOSCOU.

Librairie W. G. Gautier; Pont des Maréchaux; maison Torletsky.

1883.

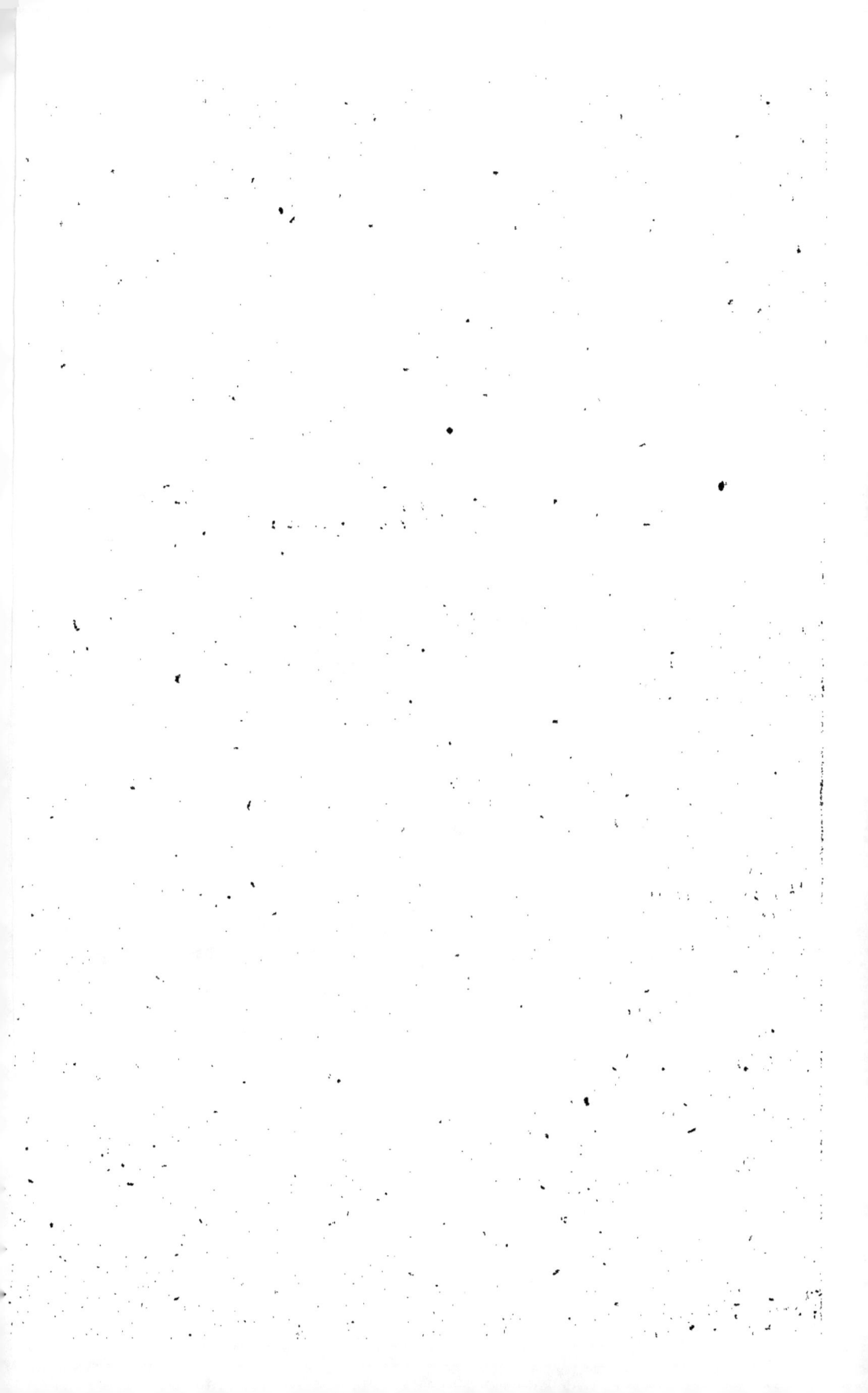

LES

FOUS LITTÉRAIRES.

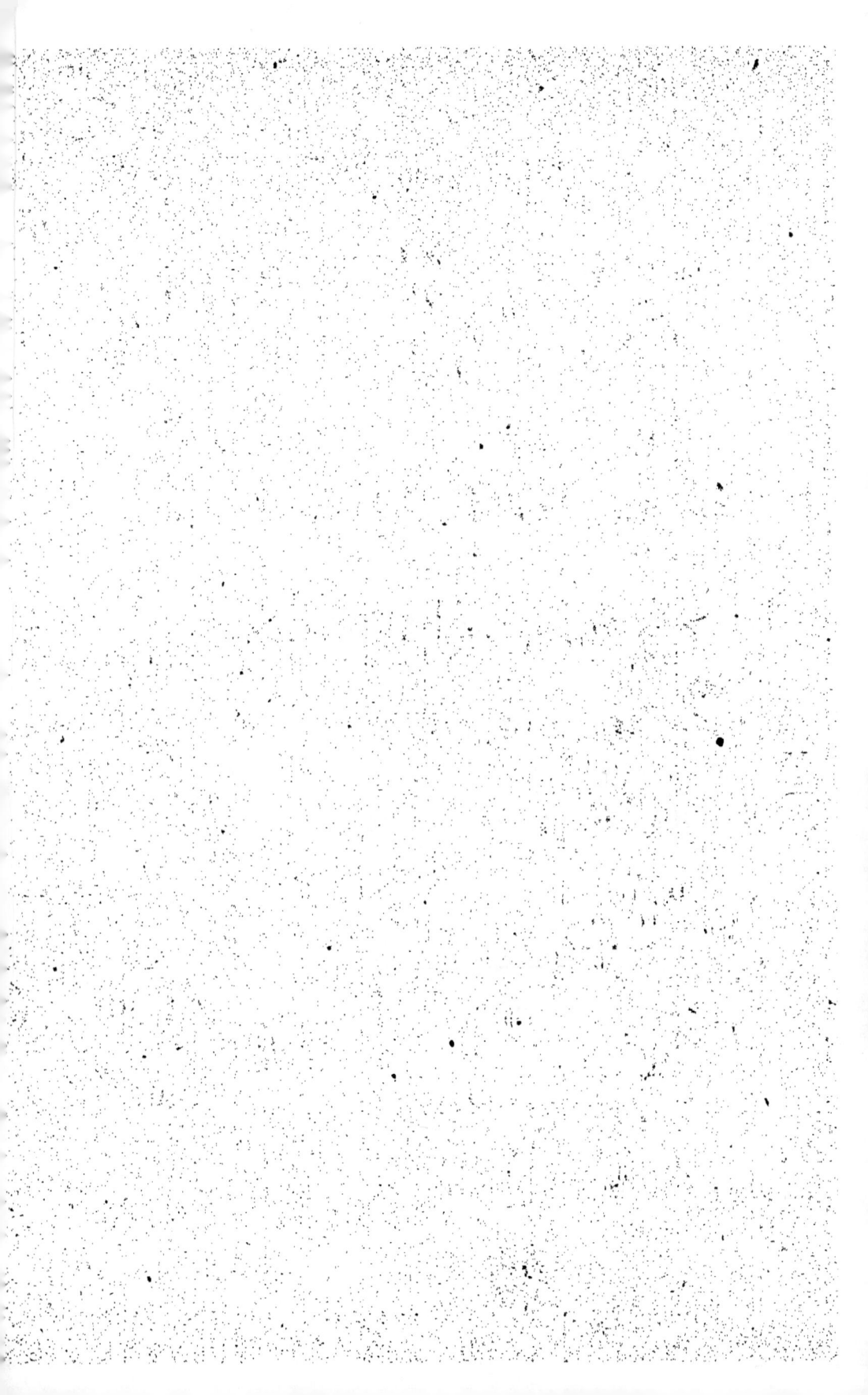

LES
FOUS LITTÉRAIRES

Rectifications et additions

à

L'ESSAI BIBLIOGRAPHIQUE

sur la

ttérature excentrique, les illuminés, visionnaires, etc.

DE

pseud. de P.-G. Bru [handwritten]

Philomneste junior.

par

Av. Iv. Tcherpakoff.

MOSCOU.

Librairie W. G. Gautier; Pont des Maréchaux; maison Torletsky.

1883.

Дозволено цензурой. Москва, 19 ноября 1882 г.

Avant-propos.

Un libraire de Moscou m'a envoyé, il y a peu de temps, au fond de la province que j'habite presque toujours, un paquet de livres, dont un attira de suite vivement mon attention. Le titre était alléchant pour un vieux curieux: «Les Fous littéraires» tel était l'intitulé de cet ouvrage signé Philomneste junior, dont le vrai nom caché sous ce pseudonyme, n'est un mystère pour personne. Le sous-titre: «Essai bibliographique sur la littérature excentrique, les illuminés, visionnaires, etc» me plaisait moins.

Quoique Philomneste junior se soit appuyé sur l'opini-on de Charles Nodier, je ne crois pas que ce dernier au-rait compris les illuminés dans la galerie d'écrivains qu'il indiquait dans sa «Bibliographie des fous» anne-xée aux №№ 21 et 23 du «Bulletin dn bibliophile» (I-re série, 1834—35), car il ne parle que des livres excentriques, et ne cite que François Colomna, Guillau-me Postel, Simon Morin, de Mons et Bluet d'Arbères, refusant positivement d'y inscrire Cyrano de Bergerac.

Quelle est la raison qui a empêché Ch. Nodier de remplir le cadre qu'il avait ébauché, lui qui a semé tant de notes curieuses, de tous les côtés, au grand contentement des bibliophiles et des bibliomanes; je crains bien que ce soit la même qui l'a dissuadé de faire la bibliographie des livres perdus, dont parle le bibliophile Jacob dans son «Essai d'une bibliographie des livres français perdus ou peu connus» de ses «Recherches bibliographiques sur des livres rares et curieux» (Paris, 1880), pp. 88—110.

Il ne s'agit pas ici des opinions de Charles Nodier, mais des miennes, puisque je me pemets de critiquer Philomneste junior, moi qui n'ai jamais tenu la plume pour communiquer mes pensées au public. Je prétends que les illuminés, les visionnaires, et les etc, comprenant les mystiques et les théosophes ne peuvent être compris, du moins le plus grand nombre, parmi les fous: «Chacun «sait que l'épithète de fou échoit facilement à ceux quit «frayent des routes nouvelles, et que souvent ce sont «les plus proches de l'homme hors-ligne qui donnent «l'exemple de sa mise hors la loi» dit Matter, en parlant de Swedenborg. Un assez long commerce avec les personnages en question m'a permis de voir dans leurs écrits, des idées qui partant d'un point de vue quelquefois erroné, sont enchaînées à la suite les unes des autres et arrivent par une déduction logique à un criterium qui s'impose à un assez grand nombre de personnes. On pourra m'objecter que ces personnes sont aussi folles que les écrivains qui les subjuguent par leurs écrits, et que les gens raisonnables ne s'y laissent pas prendre. A cela, je renverrai pour toute réponse à la définition, qu'on donnait en France, sous la restauration, entre les honnêtes gens et les gens honnêtes, et je dirai qu'il y a bien des distinctions à faire entre les personnes qu'on qualifie de raisonnables. Qu'on me permette de raconter à l'appui de mon opinion, un fait dont je fus témoin à Moscou, vers 1849 — 1850. J'étais dans une librairie étrangère tenue par un français, librairie qui n'a eu qu'une existence éphémère; il s'y trouvait au moment où j'arrivai, deux étrangers qui causaient avec le maître de la maison. Quelques minutes après, entrait un grand monsieur que je sus depuis être un prince Ga....in; nous nous éloignâmes, laissant le libraire à sa pratique. Le prince demanda au libraire de lui donner «le Destin de la France, de l'Allemagne et de la Russie, comme prolégomènes du Messianisme» (Paris, 1842, gr. in 8) et les autres ouvrages plus nouveaux d'Hoëné Wronski. Sur la réponse du libraire que son magasin ne contenait absolument rien concernant le messianisme, le prince se récria, disant qu'il ne comprenait pas comment les écrits mathématiques d'un homme destiné à renouveler toute la politique de l'Europe, ne se trouvaient pas au premier rang sur les rayons de toutes les librairies; puis il se mit à parler messianisme. Au milieu de ses définitions, un éclat de rire partit à ses oreilles, il se retourna et vit une des trois personnes qui s'étaient éloignées à son arrivée, se rapprocher de lui et lui dire qu'il était étonnant qu'un homme raisonnable put avoir quelque croyance dans les écrits d'un manieur de chiffres prétendant expliquer tout par ses calculs mathématiques, que la chose était impossible, et il chercha à le prouver, même par des citations tirées des Ss. Pères et autres écrivains religieux; ce fâcheux personnage était un précepteur suisse, ancien élève des jésuites de Fribourg. Le prince le regarda de haut, se retourna, et après l'avoir toisé, s'en alla en marmonnant: Sot et ignorant! Sot, c'est possible, mais ignorant ne pouvait s'appliquer à ce précepteur qui, ainsi que je l'appris ensuite, était instruit et surtout bon helléniste, et était souvent mis à contribution par un prince Do.......y qui, livré à l'étude des sciences occultes, avait recours à lui pour l'interprétation de passages d'auteurs grecs qu'il ne comprenait pas bien. J'étais resté a l'écart, causant avec l'autre chaland qui, je crois, était directeur d'un grand établissement industriel. Les éclats de voix de ces deux messieurs avaient attiré notre attention; mon interlocuteur me dit: «Quels fous! il faudrait les envoyer l'un et l'autre dans une maison d'aliénés! Je me récriai en lui disant que bonnes ou mauvaises, ils émettaient des idées qui pouvaient être étudiées et peut-être conduire à un résultat imprévu; mais il me répondit qu'il ne faisait aucun cas d'idées qui n'aboutissaient pas à un résultat pratique et qu'il n'avait d'estime que pour les sciences positives. On comprendra que moi qui avais un faible pour les rêveurs, je ne répondis rien.—Quelques moments après je me trouvais seul avec le libraire, auquel je demandai comment il avait pu conserver l'air indifférent qu'il affectait pendant la scène que nous avions eue; voici ce qu'il me réjdondit: «D'abord mon intérêt de marchand et la discrétion m'imposent l'obligation de ne pas intervenir dans une discussion entre mes pratiques, tant qu'elles ne dépassent pas les bornes des convenances, ensuite une leçon que je reçus, il y a une vingtaine d'années, m'a rendu prudent. Je dirigeais à cette époque une librairie dont le propriétaire était absent; un jour entre dans le magasin un monsieur de grand air et assez âgé, qui me demande si nous n'avions pas quelques-uns des ouvrages de Swedenborg; je lui montrai le peu que nous avions, ce qui ne le satisfaisait pas. Tenant à lui vendre pourtant quelque chose, je lui dis que nous possédions plusieurs œuvres d'autres visionnaires et illuminés, telles que celles de Boeme et surtout de son traducteur français, Saint-Martin. En entendant ma proposition, ce monsieur me regarda d'un air sévère, et me dit avec gravité:

«Savez-vous, jeune homme, de qui vous parlez en trai-
tant Swedenborg de visionnaire; ignorez-vous que vous
parlez d'un des hommes les plus savans du siècle dernier, d'un écrivain qui a traité de toutes les sciences,
et surtout des sciences positives de la manière la plus
rationnelle.» Je répondis que je ne l'ignorais pas, mais
que je m'étais servi d'un dénomination usitée en bibliographie. La figure de mon interlocuteur se rasséréna, il
examina les livres que je lui proposais, dont il fit un
choix; depuis il revint plusieurs fois au magasin. C'était
un monsieur Mou....off, haut fonctionnaire, qui avait ad-
ministré un des gouvernements les plus éloignés de
l'Empire. Depuis ce jour j'ai toujours pris des précau-
tions pour ne pas blesser mes pratiques». Que prouve
votre historiette? pourra-t-on me dire, et pourtant il me
semble qu'il y est question de cinq personnes réputées
raisonnables, selon l'opinion reçue généralement; je n'ose
dire six après ce que j'ai dit à mon sujet.

Comme ce n'est pas pour faire le procès à l'ouvrage de
Philomneste junior que j'ai pris la plume, je vais en
faire connaître le motif. Ce bibliographe a largement
profité du Catalogue Ouvaroff, il en avait le droit, et je
ne puis que l'en féliciter; mais la précipitation avec laquelle il a consulté ce catalogue l'a entraîné à commettre
un grand nombre d'erreurs. Le rédacteur du catalogue
a mis le nom de l'auteur en vedette devant chaque titre

d'ouvrage, nom qu'il a remplacé par un tiret—lorsque
l'ouvrage suivant est du même écrivain, ou ainsi (—)
lorsque l'ouvrage est anonyme sur le titre, mais dans ce
cas le nom de l'auteur est toujours rétabli entre paren-
thèses ( ) dans le titre. Lorsque l'ouvrage est resté anonyme, le nom en vedette a été remplacé par des points....,
et, comme de juste, aucun nom ne se trouve dans le
titre. Philomneste n'a pas fait attention à ces détails, et
il s'en est suivi dans les attributions d'auteurs, un assez
grand nombre d'erreurs. Ces erreurs auraient dû être re-
levées par M. Ladrague, le rédacteur du catalogue de la
bibliothèque de M. le comte Ouvaroff, mais cet estimable
bibliophile dit s'en désintéresser et le laisser à qui voudra
s'en occuper; j'use de la permission, voilà la raison de
mon petit travail.

J'aurais pu m'en tenir à relever ces fausses attributions d'auteurs, mais ayant remarqué que dans le travail de Philomneste j., plusieurs articles étaient trop
abrégés et même incomplets, j'ai pensé être utile aux
possesseurs de son ouvrage en me permettant quelques
développements à ses notes. Je n'ai pas craint d'augmenter le nombre des écrivains cités, sans avoir plus que
lui, la prétention d'avoir épuisé la matière; d'ailleurs
l'aurais-je voulu, je ne l'aurais pu, car ma bibliothèque
de campagnard est trop restreinte pour en avoir seulement eu la moindre velléité. On remarquera dans les

articles ajoutés, la citation assez fréquente de l'«Histoire des sectes religieuses» par H. Grégoire, ancien évêque de Blôis (Paris, 1828 — 45. 6 vol. in 8); Philomneste l'a cite aussi, mais il m'a semblé qu'il avait usé avec trop de retenue de cet ouvrage vraiment utile pour le genre de recherches dont il est question ici.

Je demanderai aussi pourquoi il n'a pas fait d'excursions dans le domaine de l'alchimie; car comme le fait observer M. Ladrague dans l'avant-propos du Catalogue Ouvaroff, ordinairement un alchimiste est doublé d'un mystique, et beaucoup de ces prédécesseurs de la chimie moderne ont cherché leur voie dans les oeuvres des théosophes. Je fais comme lui, et me contente d'indiquer comme bon guide à consulter, la fort curieuse «Histoire de la chimie» par Ferdinand Hoefer (II-e édit rev. et augm. Paris, 1866 — 69. 2 vol. in 8). Ce savant passe en revue les écrits des alchimistes depuis la plus haute antiquité et conduit les découvertes des chimistes jusqu'à la chimie moderne, c'est-à-dire jusqu'à Lavoisier.

Il est aussi un autre genre d'écrivains qui aurait eu le droit d'être cité dans «Les Fous littéraires», ce sont ceux qui ont écrit sur les tables tournantes, les médiums, le spiritisme, toute cette théurgie qui venue d'Amérique, s'est abattue sur l'Europe et dure encore, malgré les réclamations des Chevreul, Babinet, Littré, Figuier, Tissandier, Saveney et tant d'autres savants compétens; les universités elles-mêmes se sont prononcées, celle de Leipzig en 1872, celle de St.-Petersbourg en 1876. Philomneste dit, p. 215, au nom *Merville*: «Nous n'avons pas voulu donner place dans notre galerie aux écrivains qu'a inspirés le spiritisme, ils auraient tenu trop de place». Mais je ne crois pas qu'une dixaine de pages aurait grossi son volume d'une manière démesurée, d'autant plus qu'il n'a pas hésité à citer des noms que, nous autres étrangers, nous sommes tout étonnés de trouver dans son livre. On pourra objecter que beaucoup de ces spirites ayant toute leur tête, rentrent dans une catégorie plus intelligente mais moins honnête (les frères Davenport et leurs représentations publiques; le baron de Guldenstubbe et sa sœur dans le procès Beauvau-Craon, en 1869; le procès de mistress Lyon contre D. D. Home, en 1868, etc.). C'est vrai, j'ajouterai même qu'il y a des personnes qui jouissent d'une juste réputation de savoir, qui se sont laissées entraîner par ces erreurs (Voyez: «les Superstitions dangereuses pour la science, et leurs rapports avec les systèmes de la philosophie moderne» par Th.-Henri Martin, dans le «Journal général de l'instruction publique» 1863, et mieux dans: «Les Sciences et la Philosophie» de l'auteur, Paris, 1869, pp. 337—489). Le nom de ces derniers doit être respecté, quant aux autres, qu'ils entrent dans ce Bedlam littéraire! J'en ai cité quelques-uns; j'aurais bien pu augmenter la liste, mais comme nous vivons encore au milieu de ces toqués, tout le monde est à même de la compléter.

Je termine ici cet avant-propos qu'on trouvera sans doute trop long, mais j'espère qu'on me pardonnera, n'ayant pu résister au désir de dire ce que je pensais.

Av. Jv. Tcherpakoff.

Gouvernement de Smolensk,
12 (24) janvier 1881.

Les Fous littéraires *).

A

* ACHÉ (D. d') ou DACHET.

M. Alph. Polain qui a consacré à D. d'Aché, un article dans le «Bulletin du bibliophile (V-e série, 1842), pp. 77 — 9, indique encore de cet écrivain: *Réclamation de Louis-Joseph-Xavier contre la spoliation de ses biens.* Paris, Dentu (1817), in 8 de 58 pp.

* AGREDA (Marie d').

La première traduction complète de la *Cité mistique de Dieu, miracle de sa Toute Puissance, abîme de la Grâce, histoire divine et la vie de la très-sainte Vierge Marie Mère de Dieu,... trad. de l'espagnol*

---

*) Les articles correspondant à ceux de l'ouvrage de Philomneste sont précédés d'un astérique.

par le P. Thomas Croset, récolet, est de Bruxelles, 1715. 3 vol. in 4, ou ibid. 1717. 8 vol. in 8.

Bossuet appelait une impertinence impie, cet ouvrage qu'un écrivain ultramontain dit être une sublime paraphrase épique des Evangiles (Annales de philos. chrét., LXIX, 33).

On a beaucoup écrit sur ce singulier livre; on trouvera dans le tome II du «Traité... des apparitions» de Lenglet-Dufresnoy, «Examen des apparitions et des révélations publiées sous le nom de la mère Marie de Jésus» pp. 1—90, et (10) «Pièces concernant le livre de la Vie de la S-te Vierge, par Marie d'Agreda», pp. 195—376. Voyez aussi le «Dictionn. historique» de Bayle, article «Agreda».

Hippolyte Rigault a donné dans ses «Conversations littéraires et morales» (1859), 325—40, une analyse de «la Cité mystique» d'après le nouvel abrégé par le P. Bonaventure de Cesara, trad. par l'abbé J. A. Boullan.

On trouvera d'utiles renseignements relatifs à la béate dans «La soeur Marie d'Agreda et Philippe IV, rois d'Espagne. Correspondance inédite trad. de l'espagnol.... par A. Germond de Lavigne» Paris, 1855. in 12.

Le duc de Saint-Simon parle dans ces Mémoires (II, 371 de l'édit. de 1829) de l'ambassade de Castel-dos-Rios envoyé par le roi d'Espagne, pour prier Louis XIV de faire arrêter la censure de l'ouvrage de Marie d'Agreda, et «de faire établir en dogme, par tout son royaume, l'Immaculée Conception de la Sainte Vierge, et par conséquent faire plus que l'Église qui a été plus retenue là-dessus» , dit le noble duc.

ALACOQUE (La bienheureuse Marguerite Marie), religieuse visitandine du couvent de Paray-le-Monial. (1647 + 1690).

C'est à cette béate visionnaire qu'on doit l'institution de la dévotion au Sacré-Cœur de Jesus Christ qui a envahi le Catholicisme, et principalement l'Eglise de France. Elle n'a rien écrit elle même; elle a tout au plus communiqué au P. Claude de la Colombière, son confesseur, les matériaux des ouvrages publiés sous son nom. Sa vie a été écrite par Jean-Jos. Languet de la Villeneuve de Gergy; c'est dans cet ouvrage qu'on trouvera les plus étonnantes visions de cette illuminée.

Voyez dans l'«Histoire des sectes religieuses» de Grégoire, t. II, pp. 244 — 92, chap. XX. «Cordicoles, ou histoire critique des dévotions nouvelles au Sacré-Cœur de Jésus et au Cœur de Marie», ce qui concerne non seulement Marie Alacoque, mais la naissance et le développement de cette dévotion malsaine.

ALLAN KARDEC (Hippolyte - Leon Denizart Rivail, connu sous le pseud. d'), mort à Paris le 31 mars 1 .

2

Des nombreux ouvrages de cet écrivain spirite, citons: le *Livre des Esprits;* — le *Livre des Médiums;* — le *Ciel et l'Enfer, ou la justice divine selon le spiritisme;*—*l'Evangile selon le spiritisme;*—*la Genèse, les miracles et les prédictions selon le spiritisme;* etc. etc..—Il a fondé en janvier 1858, la *«Revue spirite, journal d'études psychologiques,* qui a continué après la mort du fondateur et subsiste sans doute encore.

Voyez: «La France littéraire» de Quérard, t. XII, 456—58, et la «Catalogue général de la littérat. fr.» de Otto Lorenz.

ARNDT (Jean), théologien mystique et illuminé (1555 + 1621).

Arndt est auteur, entreautres, d'ouvrages alchimiques, l'un joint à la «Theologia mystica» de Hoburg, et l'autre à la suite de «De igne magorum» de Henr. Khunrath; voy. les n°ˢ 75 et 977 du catalogue Ouvaroff.

L'ouvrage le plus célèbre de J. Arndt, est son *«Le Vrai Christianisme»,* en allemand, qui a été imprimé un grand nombre de fois, et traduit dans la plupart des langues de l'Europe; il y a à ma connaissance deux traductions russes de ce livre, l'une (par Jvan Tourgeneff), de Moscou, imprim. d'J. Lopoukhine, 1784. 5 forts vol. in 12; l'autre de Moscou, impr. de l'Université, 1833— 35. 5 vol. in 12, avec fig; cette dernière est précédée

de la biographie anon. de Arndt, vraisemblablement traduite d'après celle de Joh.-Gott.-Th. Sentenis.

Arndt a un article abrégé dans «le Nouv. Dictionnaire
hist.» de Chaufepié, I, lettre A, 483—84.

* ARNOLD (Gottfr.).

On trouvera sur lui et ses démélés avec les théolo-
giens orthodoxes des renseignements étendus dans le
«Nouv. Dictionn. histor.». de Chaufepié, I, lettre A,
485—94.

*Ayman (L') mystique (Par Urbain Souchu de
Rennefort)*. Paris, Ch. Chenault, 1689. in 12 de XII—
144 pp. ouvrage dépourvu de bon sens. Barbier l'enre-
gistre avec l'adresse de Quinet libr., et un titre plus
étendu que celui de l'exemplaire que j'ai sous les yeux.

B.

* BAADER (Franz).

Philomneste s'est trompé; Les trois ouvrages qu'il
attribue à Baader, ne sont pas de cet ecrivain; il est
vrai que dans le catalogue Ouvaroff, ils suivent l'opus-
cule intitulé: «Sur l'éclair comme père de la lumière»
qui est de lui, mais les trois ouvrages cités ne lui sont
pas attribués. On trouvera sur ce penseur et ses doctrines un bon article dans le «Dictionnaire des sciences philosophiques» T. 1. 264—270.

2*

BAXTER (Richard), théologien anglais, non-conformiste et mystique (1615+1691).

Son principal ouvrage: *The Saints everlasting rest....* London, 1662. in 4 a eu un grand nombre d'éditions et d'abrégés; il a été traduit en plusieurs langues. Consultez sur la secte de Baxteriens dont il est fondateur, l'«Histoire des sectes religieuses» de Grégoire, t. v, 41—54.

Baxter a un bon article dans le «Nouv. Dictionnaire hist.» de Chaufepié. t. 1, lettre B., 122—31; voy. aussi la «Biographie universelle» et la «Nouv. Biographie générale».

* BEEK (Joachim).

Philomneste a traduit *Betkius* par *Beek*; est-ce exact? Le titre de cet ouvrage, pris au nº 100 du Catalogue Ouvaroff, a été mal copié; il est ainsi conçu: Jn nomine Jesu.—Excidium Germanice, c'est-à-dire....

* BENGEL (J.—A.

«Les prédictions de Bengel s'étendent jusqu'à l'an 2000» dit Philomneste. Ce renseignement pris dans le catalogue Ouvaroff, ne s'applique pas à l'ouvrage de Bengel, nº 1875 de ce catalogue, mais au nº 1876 anonyme intitulé: «Das nahe Ende der Welt....» s. l. (Frankfurt), 1792 in 8. où il est dit que la série des événements se continue jusqu'à l'année 2000, et que l'auteur prédit à court delai la fin de la papauté temporelle.

* BOEME (Jacob).

Philomneste junior renvoie pour les ouvrages de Boeme traduits par Saint-Martin, au «Manuel du libraire» qui n'est pas exact, car, comme Quérard, il en indique cinq. M. Ladrague, n°. 148 du Catal. Ouvaroff démontre que le *Ministère de l'homme esprit»* qui lui est attribué est un ouvrage original de Saint-Martin. Il y a du «*Chemin pour aller à Christ*, outre l'édition de Berlin, 1722. in 12 de 438 pp. une autre édition, sans lieu ni adr., 1787. petit in 8 de 360 pp. qui est fort rare; elle porte tous les indices démontrant qu'elle doit sortir des presses des Martinistes dirigées par N. J. Novicoff, à Moscou. Cet ouvrage existe aussi en russe, sous ce titre: «*Christosophia, ou Chemin pour....., traduit de l'allemand (par Alexandre Feodorovitch Labsine)*, St. Pétersbourg, impr. de Joannès, 1815. in 8 avec de jolies grav.; il est très rare. — Le n° 35 du catalogue Ouvaroff indique: «*Miroir temporel de l'Eternité, duquel est représenté comment toutes choses sont marquées extérieurement selon leur forme inférieure,..... trad. de l'allem. par le S. Jean Macle, docteur et médecin très-célèbre.* Sans lieu ni adr., 1787. pet.

in 8 de 306 pp. dont 2 d'errata. Cet ouvrage qui est
la traduction du: «*De Signatura rerum*» a été imprimé
à Moscou, par les presses de Novicoff. Saint-Martin, dans
l'avertissment de sa traduction de «l'Aurore naissante»,
nous apprend que la première édition en a été donnée
à Francfort, en 1664.

Aux renseignements indiqués par le Catalogue Ouvaroff et par Philomneste j. sur les écrivains qui
ont traité de J. Boeme, on peut ajouter «Ueber
Jakob Böhme» par le D-r. Bachman, dans les «Studien»
de Daub et Creuzer, V (1809), 225—54, et l'article
«Boehme» par Ad. Franck, dans le «Dictionnaire des sc.
philosophiques» I, 333—40, qui contient beaucoup de
renseignements.

BONJOUR (Les frères), prêtres curés à Fareins, fondateurs de la secte des Fareinistes, à la fin du siècle dernier et au commencement de celui-ci.

Grégoire cite: «*Lettre d'un curé du diocèse de Lyon,
à ses confrères, sur les causes de l'enlèvement de M.
Bonjour, curé de Fareins en Dombes*».in 12 de 119 pp.,
qu'il croit être du curé Bonjour l'aîné, ou d'un de ses
partisans. L'auteur raconte à sa manière le crucifiment
d'une fille, en 1787, et d'autres actes de fanatisme. Voy.
l'art. «Bonjour» dans la «Biographie universelle» et dans
la «Nouv. Biographie générale». Grégoire, dans son Hi-

stoire des sectes religieuses» a consacré un chap. à la secte des Fareinistes, et à celles des Blancs, des Bleus ou Béguins, etc. qui sont sorties de la précédente, voy. le t. II, 168—83.

BOURBON (Louise-Marie- Thérèse-Bathilde d'Orléans, duchesse de) (1750 + 1822?).

Cette amie et élève de Saint-Martin, qui avait composé à son intention, son «Ecce homo», cette princesse est auteur de: *Correspondance entre Madame de B.....* *(Bourbon) et M. R..... (Ruffin) sur leurs opinions religieuses».* Sans lieu (mais Barcelone), 1812 — 13. 2 vol. in 8. Cet ouvrage a été tiré à très-petit nombre d'exemplaires, 200 dit-on, pour être distribué à des amis.—On trouve dans le tome II: »*Opuscules ou pensées d'une âme de la foi sur la religion chrétienne en esprit et en vérité».* — L'Inquisition a prohibé par un décret, en 1819, cet ouvrage, comme obscène, plein de propositions hérétiques, impies, blasphématoires, séductrices, etc.—L'«Histoire des sectes religieuses» de Grégoire, II, 72—86, donne l'analyse de ce livre.

Ruffin était l'agent qui avait été envoyé par le gouvernement de la République, pour accompagner la princesse, lorsqu'elle fut expulsée de France, après Fructidor, an V; il se trouva que cet agent partageait ses idées mystiques.

On trouvera quelques renseignements sur la duchesse de Bourbon, dans le «Saint-Martin» de Matter. L'article consacré à cette princesse par Durozoir, dans la «Biographie universelle», est intéressant.

* BOURIGNON (Antoinette).

On trouve une liste de renseignements biographiques sur cette visionnaire, dans la «Bibliothèque histor. de la France» du P. Le Long, IV, nᵒˢ 48021—26.

* BROHON (Jacqueline-Aimée).

Il y a une édition de ses: «Instructions édifiantes sur le jeûne de J. — C. au désert». Paris. impr. de Didot l'aîné, 1791. in 12 de VIII — 248 pp., qui n'est qu'une contrefaçon faite en Russie.

Voyez une note curieuse sur M-elle Brohon, dans le «Catalogue de la biblioth. d'un amateur (Renouard)». I, 102.

C'est dans le t. II, pp. 34 — 45, de son «Hist. des sectes religieuses» que H. Grégoire parle de M-elle Brohon.

* BROMLEY (Thomas).

Th. Bromley, disciple de Pordage, faisait partie de la secte des Philadelphes.

Philomneste s'est trompé en indiquant: *Témoignage*

véridique de la parole *intérieure* et *extérieure* de *Dieu»*, n° 94 du Catal. Ouvaroff, comme un ouvrage de Bromley; il est d'un écrivain anonyme non découvert.

* BROTHERS (Richard).

Le prénom de ce visionnaire est Jacques dans la traduction française de son principal ouvrage: «*Propheties de Jacques Brothers, ou la Connaissance révélée des prophètes et des temps, écrite sous la direction et par l'ordre sacré du Seigneur-Dieu,.... trad. de l'original anglais impr. à Londres en 1794*. Paris, an IV (1796) 2 parties in 8. C'est aussi sous le même prénom, que Grégoire en parle, t. V, p. 75 et suiv. de son «Hist. des sectes religieuses». Ersch nous donne l'explication de cette erreur en nous apprenant que l'original a paru anonyme.

* BROUSSAIS (Emile).

Erdan analyse sa «*Régénération du monde*» dans sa «France mystique» t. I, 12—16.

BROWNE (Robert).

Il a écrit: «*A Treatise of Reformation without staying for any man*. Middelbourg, 1582. *Life and manners of true christian....* Il est le fondateur de la secte des Brownistes. Consultez la «Biographie universelle» et la «Nouv. Biographie générale; voyez aussi l'«Hist. des sectes rel.» de Grégoire»; t. V, 30—33.

BUCQUOY (Jean-Albert d'Archambaud, abbé comte de).
Cet abbé, dont la vie bizarre et digne d'un homme dont
la tête n'était pas en bon état, a raconté ses aventures
dans le singulier livre: *«Evénement des plus rares, ou
histoire du sieur abbé comte de Bucquoy, singulière-
ment son évasion du Fort-l'Evèque et de la Bastille
(en franç. et en allem.), avec plusieurs ouvrages vers
et prose, et particulièrement la game des femmes».*
Chez Jean de la Franchise,.... à Bonnefoy, 1719. pet.
in 12, rare.

Gérard de Nerval a analysé cet ouvrage dans ses «Illuminés» (1852), pp. 21—75. Voyez aussi la «Biographie
universelle».

* BUNYAN (John).
On trouve un article intéressant sur Bunyan, dans les
«Essais littéraires» (1865) de lord Macaulay, pp.
104—44.

C.

CAHAGNET (Louis-Alphonse).
Cet écrivain spirite est auteur, depuis son: *»Magnétisme. Arcanes de la vie future dévoilée.* Paris, 1848.
in 12, d'une douzaine d'ouvrages dont on trouvera les
titres dans le «Catalogue général...» de O. Lorenz.

Voyez »la France mystique» de Erdan, t. I, p. 42 et suiv.

CAMBRIEL (L.-P.-François).

Il est auteur de: «*Cours de philosophie hermétique et d'alchimie, en dix-sept leçons; suivi des applications de quelques articles des cinq premiers chapitres de la Genèse par Moïse, et de trois additions prouvant trois vies de l'homme animal parfait*». Paris, 1834. in 12 de 216 pp.

Voici le portrait de Dieu tel qu'il se révéla à Cambriel: « Dieu est d'une taille ou corpulence comme pourrait être l'homme le plus parfait, ayant six pieds six pouces de taille, proportionné dans toutes les parties qui le composent, mais toujours en plus de perfections que l'homme le plus parfait que e lui compare.

«Il est majestueux; sa peau est de la couleur de la flamme d'une bougie; ses pieds, ses genoux, ses cuisses, ses mollets sont si parfaits, que quoique j'en dise, je serai toujours au-dessous pour en pouvoir représenter la perfection.

«Les ongles de ses pieds sont d'une beauté incomparable, le plus bel ivoire ne peut leur être comparé,...»; voyez la suite dans «les Excentriques»(1852) de Champfleury, pp. 98 — 109, qui a fait des recherches sur Cambriel, ancien fabricant de draps de Limoux, devenu alchimiste, etc.

CAZOTTE (Jacques).

Ce n'est pas comme écrivain que Cazotte peut être rangé parmi les illuminés, car il est certain qu'il ne l'était pas encore, lorsqu'il composa son »*Diable amoureux*», et que la fameuse prédiction racontée par la Harpe, a été composée par ce dernier. La «*Correspondance mystique de J. Cazotte avec Laporte et Pouteau...*» Paris, an VI (1798). in 18 de VIII—182 pp., avec le portr. de Cazotte au moment de sa mort, n'étant que le compte-rendu de son procès, devant le tribunal révolutionnaire, avec les lettres lues au fur et à mesure de l'interrogatoire, ne peut être considérée comme son œuvre. C'est donc à d'autres qu'il faut s'adresser. Nous prendrons quelques renseignements dans le «Saint-Martin» de Matter. « ..Un élève de Martinez de Pasqualis attiré chez Cazotte par son «*Diable amoureux*, le croyant très-versé dans la science des démons, l'entretint de la pneumatologie de son maître et lui inspira le désir de l'étudier. Cazotte en profita d'une manière admirable, car il s'éprit d'amour pour le spiritualisme des textes chrétiens, pour les Evangiles et surtout pour la morale qu'ils enseignent.... A soixante-dix ans, Cazotte, sur quelques textes que lui traduisait un moine, écrivait ses «*Contes arabes*; il y faisait entrer ses idées de spiritualité de manière à leur donner tous les genres d'attraits.....»; mais il est mieux de renvoyer à l'ouvrage de Matter. p. 56 et suivantes.

Outre l'ouvrage de Matter cité, voyez encore: «la Famille Cazotte» par Anna-Marie (Mad. la comtesse d'Hautefeuille). Paris, 1847. in 8 de 330 pp.; les «Illuminés» par Gérard de Nerval. pp. 244 — 98; les «Personnages énigmatiques» par Fr. Bulau, t. I, pp. 411—22 de l'édition originale en allemand; et t. I, pp. 406—16, de la traduction française; la «Biographie universelle» et la «Nouv. Biographie générale».

*CHAIS ou CHAIX DE SOURCESOL (Guill.).

Ce rêveur, prêtre insermenté, et ensuite marié, a un article dans l'«Histoire des sectes religieuses» de Grégoire, t. II, p. 200 et suiv.

* CHASTANIER (Bénedict).

Le Catalogue Ouvaroff, où Philomneste a pris ses renseignements, dit encore que ce réfugié protestant est auteur du: «*Tableau analytique et raisonné de la doctrine céleste de l'Eglise de la nouvelle Jérusalem, prédite par le Seigneur,....ou Précis des Oeuvres théologiques d'Emmanuel Swedenborg*», Londres (La Haye, Gosse), 1786. in 8, faussement attribué à Swedenborg lui-même par Quérard.

Chastanier était en rapport avec Swedenborg, dans les dernières années de la vie du théosophe; voyez les derniers chapîtres du «Swedenborg» de Matter.

* CHENEAU (Constant).

Le titre de l'ouvrage analysé dans la «Revue de bibliographie analytique par Miller et Aubenas», III-e année (1842), pp. 493—96, est: *3-e et dernière Al-liance de Dieu avec sa créature, révélée à son serviteur Cheneau ou Chaînon, négociant à Mennetout-sur-Cher, pour être manifestée aux hommes....* Paris, 1842. gr. in. 8 de 303 pp. avec titre gravé. — Pour ce nouveau révélateur, *Cheneau* et *Chaînon* sont synonymes, et c'est par la volonté de Dieu qu'il a été élu pour être le *Chaînon* entre la terre et le ciel.

Cheneau est aussi auteur d'une: *Instruction pour faire des enfants sains d'esprit et de corps et aussi parfaits qu'on peut l'être.* Le grand moyen préconisé par lui, est la prière; il cite pour exemple, la mère Cheneau, et pour résultat concluant, lui Constant Cheneau ou Chaînon.

Erdan a consacré une dixaine de pages à Cheneau, dans sa «France mystique», I, 183—93.

COËSSIN (F.—G.) (1782+1842).

Ce mystique excentrique est auteur de: «*Les neuf Livres, suivis de la Théorie de l'envahissement, et d'un Aperçu général de la théorie des formes sociales*». Paris, 1809. in 8. Théodore Fix a analysé cet ouvrage dans une étude étendue sur Coëssin, du Jour-

nal des Économistes» t. VIII (avril 1844), p. 55 et
suiv. «*Etudes sur le passé, le présent et l'avenir de
l'Humanité*». 2 vol. de 350 à 360 pp. chacun; ouvrage
publié vers 1838, mais imprimé successivement, est-il
dit, et non publié, de 1809 jusqu'en 1834. C'est un
assemblage assez disparate d'ouvrages divers, y compris
Les neuf Livres.

Voyez sur Coëssin, la «Biographie.... des contemporains» de Rabbe et Boisjolin, t. I, 1027—29; «France,
Dictionnaire encyclopédique» par Ph. Le Bas. t. V, 259—
60, article reproduit dans la «Nouv. Biographie générale;
le «Dictionnaire de l'économie politique»; «Les Familles
spirituelles de Coëssin» dans «la France mystique» de
Erdan, t. I, 144—56.

COMTE (Auguste).

Erdan a consacré presque tout un livre, le VI-e, pp.
248 à 330, de sa «France mystique», au fondateur de la
doctrine du Positivisme; il l'étudie non comme savant,
mais comme aspirant à être le créateur d'une religion
athée. Les idées d'A. Comte sur ce sujet, sont exposées
dans ses derniers ouvrages, et principalement dans son
«*Calendrier positiviste*, et dans son *Catéchisme positiviste*.

CORDIER DE LAUNAY (Louis-Guill.-René) (...✝1826).

Il est auteur de: «*Théorie circonsphérique des deux genres de beau avec application à toutes les mythologies et aux cinq beaux-arts*». Berlin. 1806. in 4 de VIII—282 pp. et 1 carte; ou Paris, 1812. in 8.— De la p. 60 à la 176-e, on trouve une analyse ou commentaire, enfin ce qu'on voudra, sur «l'Apocalypse», terminé par une comparaison entre ce livre et la «Volus-pa»; on y apprend que l'Apocalypse dont il admet le caractère divin et prophétique, est entièrement accompli; c'est le plus intelligent de tous les poëmes épiques. Pour Cordier, l'Apocalypse est un saint paravent composite, dit H. Grégoire.

L'Avertissement commence ainsi: «Nous avons aujourd'hui des milliers de bons livres, des millions de mauvais livres, des milliards de livres. En conscience, je ne connus plus d'auteurs excusables, que ceux qui par un livre diminuent la masse des bibliothèques....»—et voici les dernières lignes du livre: «...Quoi qu'on en dise ou qu'on en juge, voilà des œufs de ma pensée. Comme l'autruche, je les dépose dans le sable, et je les abandonne à la fortune».

Voyez la note du n° 57 du «Catalogue de J. Goddé»— Cordier de Launay a un article dans la nouv. édition de la «Biographie universelle».

D.

DELAAGE (Henri).

Le Monde occulte, ou mystères du magnétisme et tableau du somnambulisme... Paris, 1850; II-e édit. rev. et augm., ibid., 1856, et autres édit. in 12, est l'exposition des principes de cet écrivain spirite.—Pour les autres ouvrages de Delaage, voyez le «Catalogue général» de O. Lorenz; et pour une appréciation, consultez «les Sciences et la philosophie» par Th.-H. Martin, p. 367 et suiv. Court article dans Vapereau.

Dicœarchiœ Henrici (secundi) regis christianis-simi Progymnasmata (Radelpho Spifama authore). s. l. ni d. (Parisiis; circa 1556), pet. in 8.

Voyez Brunet: «Manuel du libraire», II, 687.

Ce livre singulier d'un fou qualifié donne le droit à l'auteur d'entrer dans cette galerie; consultez la «Biographie universelle» et la «Nouv. Biographie générale» au mot «Spifame». Gérard de Nerval a placé l'auteur dans ses «Illuminés» sous ce titre: «le Roi de Bicêtre».

* **DIPPEL** et non Deppel (Jean-Conrad).

La plus grande partie de ses ouvrages (70 environ) raitant presque tous de controverses religieuses et d'alchimie, ont paru sous le pseudonyme de Christianus Democritus ou Democritus Christianus.

Karl Buchner a consacré un article à Joh.-K. Dippel, dans «Raumer's Historisches Taschenbuch» (1858), pp. 207—335. Consultez «Dictionnaire hist. de la médecine» par Eloy, t. II, 61—2; le catalogue Ouvaroff, № 79—83; la «Nouv. Biographie générale» et mieux la «Biographie universelle»; voyez aussi «Hist. des sectes rel.» de Grégoire, V, 452 et s.

DOZON (Henri).

Cet écrivain spirite est auteur de «Révélations d'Outre-tombe. Médium, Madame H. Dozon; évocateur, H. Dozon, ex-lieutenant aux lanciers de la garde chev. de la légion-d'honneur. Paris 1862—63. 4 vol. in 12, plus quelques petits ouvrages sur le même sujet.

* DOUZE-TEMPS.

Dans son article sur ce réfugié protestant français, article pris dans le catalogue Ouvaroff, № 124 — 25, Philomneste parle d'une édition en français, sans nom de ville, avec la date de 1786; cette édition du «Mystère de la Croix affligeante et consolante....» sort des presses de Novikoff, à Moscou, c'est un petit in 8 de 288 pp. J'en ai sous les yeux, une traduction russe, de St. Pétersbourg, imprim. de Joannès, 1814. in 8 de XX—312—35 pp.; dans l'avertissement signé des initialismes У. М. (employé fréquemment par Alexandre Labsine, de qui pourrait bien être cette traduction) on lit qu'il en a été publié une précédente, à Moscou, en 1784, mais son peu d'exactitude a fait entreprendre celle de 1814.

* DUTOIT-MAMBRINI.

L'édition de l'ouvrage de Dutoit-Mambrini publiée sous le pseudonyme de Keleph Ben Nathan, outre des corrections, contient de plus un fort grand nombre de notes, et le tome III est tout un nouvel ouvrage.

Grégoire, dans son «Histoire des sectes religieuses», II, pp. 231—33, parle de Dutoit-Mambrini.

Philomneste s'est trompé en attribuant le № 138 du catalogue Ouvaroff qui suit, c'est-à-dire: « *Voyes de la vérité à la vie*», à Dutoit-Mambrini, il n'est pas de lui.

E.

ECKARDTSHAUSEN (Charles d') (1752+1803).

Ce publiciste allemand, mystique et illuminé, a beaucoup écrit, car il est auteur, dit-on, de 79 ouvrages sur toutes sortes de matières; on en trouvera la liste dans Heinsius: «Allgem. Bücher-Lexicon» t. I, 727 — 30).

Citons parmi ceux qui intéressent notre sujet: «*Dieu est l'amour le plus pur*» dont il existe des traductions

3*

à peu près dans toutes les langues de l'Europe, adaptées à toutes les communions chrétiennes;—*«La Nuée sur le sanctuaire»*;—*«Eclaircissemens sur la magie»*;—*«La Clef des mystères de la nature»*;—*«La Science des nombres, faisant suite à la Clef....»*—*«Les Nuits magiques»*, etc. etc. Plusieurs des ouvrages d'Eckardtshausen ont été traduits en russe.

Les articles sur Eckardtshausen dans la «Biographie universelle» et la «Nouv. Biographie générale», n'ont pas de valeur. Pour un aperçu sur les idées mystiques et théurgiques de cet illuminé, voyez le «Saint-Martin» de Matter, surtout le chap. XVIII.

ÉLIPHAS LEVI, professeur de hautes sciences (L'ex-abbé Alphonse L. Constant,....+1875).

Il est auteur de: *«La Clef des grands mystères»*;—*«Dogme et rituel de la haute magie»*;—*«Histoire de la magie»*;—*«Philosophie occulte»*, etc., etc.

Les écrits d'Eliphas Lévi prouvent un grand savoir, mais il y a bien de la rêverie. Voyez: «L'ex-abbé Constant» dans «la France mystique» d'Erdan, t. I, 213—16.

* ELLER (Elie).

Voyez sur ce visionnaire, l'«Histoire des sectes religieuses» de Grégoire. V, 390—92.

* EMMERICH (A.—C.).

Les rêveries d'Anne-Catherine Emmerich recueillies

par l'ancien romancier poëte Clément Brentano, ne for-
ment pas moins de 9 vol. in 12, dans la traduction
française. A.-C. Emmerich à fait pour la vie et surtout la passion de Jesus-Christ, ce qu'avait fait Marie
d'Agreda pour la vie de la Vierge Marie.

Pour les abrégés et extraits consultez le «Catalogue
géneral...» d'Otto Lorenz.

* ENGELBRECHT ou ENGELBERT (Jean) (1599 +
1642).

Sa *«Divine Vision et Révélation des trois états,
l'ecclesiastique, le politique, et l'œconomique, laquelle
moy Jean Engelbert, de Bronswic ay vûe de mes
yeux et veillant,.... et trad. en français pour l'édi-
fication des ames qui cherchent Dieu»*. Amsterdam,
1680. pet. in 8, fait partie de: «Toutes les Oeuvres de
M-elle Antoinette Bourignon» et forme la seconde partie
du t. XIX; voyez le Catalogue Ouvaroff, № 62 (XXIX).

Voyez la «Nouv. Biographie générale», mais surtout
la «Biographie universelle».

F.

* FIELDING (Edouard).
Pour cette note, Philomneste junior a fait grande con-
fusion. Des quatre ouvrages qu'il donne à E. Fielding,

l n'y en a qu'un, *l'Arbre de la science du bien et du mal...* qui est de lui. *L'Amour glorifié, ou Traité de la vraie sagesse...* dont je connais une autre édition française, sans indication de nom de ville ni de libraire (mais Moscou, imprimerie de Novikoff), 1786. in 8 de 100 pp., il n'est pas plus de lui que les deux autres ouvrages allemands qu'il cite. Je n'ai pas eu l'occasion de découvrir les auteurs de ces trois derniers ouvrages.

* FOURIER (F.—M.—Charles).

Erdan a consacré deux chapîtres de sa «France mystique» (t. II, pp. 135 — 63) à Fourier et son école; voyez encore l'article «Fourier» par Courcelle Seneuil dans le «Dictionnaire de l'économie politique»; et celui par Parisot, dans la nouv. édition de la «Biographie universelle» t. XIV, 534—45.

FOURNIÉ (l'abbé Pierre).

Cet abbé, un des disciples de Martinez Pasqualis, est auteur de: «*Ce que nous avons été, ce que nous sommes et ce que nous deviendrons.* Première (et unique) partie. Londres, Dulau, 1804. in 8 de VIII — 375 pp. et 1 f. Cet ouvrage passe pour le plus complet et le plus exact sur la doctrine du maître, car il est certain que Saint-Martin, après son initiation, avait modifié ses idées, repoussant les visions et tout ce qui tenait à la théurgie. Malheureusement l'abbé Fournié n'a pas jugé à propos de publier le second volume, disant qu'il contenait bien des choses que l'on ne peut point publier.

Fournié qui a dû mourir dans un âge très avancé, car une personne qui l'a vu à Londres en 1819, dit qu'il avait 81 ans, et était encore vif et bien portant, Fournié n'a à ma connaissance aucun article dans les recueils biographiques; il faut recourir au «Saint-Martin» de M. Matter, où on trouvera au moins une analyse de son ouvrage, pp. 34—58.

* F. V. C. (François Vidal Comnène).

Aux renseignements sur l'ouvrage de Comnène: *«L'Harmonie du Monde, où il est traité de Dieu et de la Nature - Essence»*... nous dirons que l'édition présumée imprimée en Russie, sort des presses de Novikoff, à Moscou. Cet ouvrage a aussi paru en russe, anonyme de noms d'auteur et de traducteur, à St. Pétersbourg, imprimerie de Joannès, 1818. in 12.

G.

GALITZIN (Mad. la princesse Eudoxie).

Cette dame est auteur de: *«De l'Analyse de la Force»*. Paris, 1845. 3 parties in 8; œuvre bizarre dont M. Aug. Ladrague a donné, non l'analyse, car un livre pareil ne le permet pas, mais le détail du contenu, dans «le Bibliophile belge» IX-e année (1874), 261— 68, sous ce titre: «D'un livre bizarre de philosophie mathématique et de quibusdam aliis».

La princesse Eudoxie Galitzin, née Ismaïloff, avait reçu de la société russe, le surnom de Princesse nocturne, de l'habitude contractée par elle, de rester au lit tout le jour et de ne se lever qu'à la nuit, faisant du jour la nuit et de la nuit le jour.

* GÉRARD de NERVAL

M. Monselet a donné un article sur lui, dans ses «Portraits après décès» (1866), 219—55, avec 1 fac-símile. Voyez aussi l'article par J. Janin, dans la nouvelle édition de la «Biographie universelle» XVI, 293—96.

* GICHTEL (Jean-George).

Son ouvrage: «Brève ouverture et explication des trois principes et mondes....» a eu une nouvelle (IV-e) édition, à Berlin, 1779. in 8 avec 1 sphère et 4 jolies grav. coloriées, fort bizarres, (voy. le Cat. Ouvaroff, № 59); c'est je crois la dernière édition de cet ouvrage composé en collaboration avec Jean-George Graber.

Gichtel a été le fondateur de la secte des Engels-Bruders ou Frères angéliques, qui existait encore en

1825, selon ce qu'en dit Grégoire: «Histoire des sectes relig., V, 382—85.

Saint-Martin, comme du reste tous les mystiques, faisait le plus grand cas des écrits de Gichtel; dans sa correspondance avec le baron de Liebisdorf, ce dernier lui dépeint en style très-épithalamique, l'union avec Sophie Céleste, du général Gichtel, comme les deux amis le qualifiaient. Voyez le «Saint-Martin» de Matter, p. 209 et suiv.

Consultez l'article «Gichtel» de la «Biographie universelle».

* GLEIZES.

Philomneste ne se trompe-t-il pas dans son renvoi à l'ouvrage d'Erdan? Dans la II-e édition (Amsterdam, 1858) ou la III-e (ibid., 1860) de la «France mystique», l'article: «L'Institut Thalisien de Gleizes» se trouve dans le t. I, pp. 206—23.

GOERRES (Jacques-Joseph) (1776+1845).

Ce professeur et pamphlétaire allemand est auteur du singulier ouvrage: *«La Mystique chrétienne»*. Ratisbonne, 1836—42. 4 tomes en 5 vol. in 8; traduit en français par Ch. Sainte-Foi (Eloi Jourdain), sous ce titre: *«La Mystique chrétienne, naturelle et diabolique*. Paris, 1854. 5 vol. in 8; le traducteur n'a pas osé reproduire toutes les bizarreries de l'original. Le compilateur qui a rédigé le „*Dictionnaire de mystique chrétienne*» publié par l'abbé Migne, - Paris, 1858, in 4, a largement puisé dans l'ouvrage de Goerres. Th.-H. Martin a consacré tout un paragraphe (le VI-e) de sa dissertation: «les Superstitions dangereuses pour la science» a l'appréciation de ce singulier ouvrage.

* GOUAZÉ (l'abbé Auguste).

La I-re édition de «*la Consommation des siècle .....par M. G*******, sous le nom d'un solitaire».* Lyons et Paris, 1823. 2 vol. in 12, a d'abord paru sous ce titre:« *Traité sur l'époque de la fin du monde..... par un solitaire».* Paris, 1814. in. 8.

* GRAVE (Charles-Joseph de).

J.-B. Biot a analysé la: „*République des Champs-Elysées, ou Monde ancien....*" dans le «Mercure de France» en 1810; l'article a été reproduit dans les «Mélanges scientif. et litter.» (1858) de Biot, t. II, 141—51. «Il y a une maladie assez commune que l'on nomme la jaunisse, dit Biot, dans laquelle toute la surface du corps devient jaune, et l'on assure même que les malades voient tous les objets de cette couleur. Ici l'on pourrait dire que M. de Grave a vu tout, Belge.»

M. J.-F.-M. Albert a aussi parlé de C.-J. de Grave, dans ses «Recherches sur quelques écrivains ridicules», série d'articles sur quatre auteurs, publiée trois fois, soit en partie, soit en entier, par Quérard. Celui sur la «République des Champs-Elysées» se trouve dans «le Moniteur de la librairie» III-e année (1844), pp. 261—63; dans «le Bibliothécaire» publié par Mécène et Photius (Serge Poltora'zki, de Moscou, et J.-M. Quérard), juillet 1844, n° 1 et unique, pp. 67—9, et ensuite dans «le Quérard» (1856), pp. 56—9.

On trouve une curieuse note sur les destinées du livre de de Grave, dans la «Bibliographie gantoise» de F. Vanderhaegen, t. IV, p. 280.; et l'indication d'une critique réjouissante de la «République des Champs-Elysées dans «le Bibliophile belge» (1844) p. 357.

Voyez l'art. «Grave» dans la «Biographie universelle».

* GUYON (Mad. Jeanne-Marie Bouvier de La Motte)

Il est à remarquer que presque toutes les éditions, contrefaçons et traductions des œuvres de cette dame, et elles sont innombrables, orthographient son nom, Bouvières de La Mothe-Guyon ou Guion. — La Collection de ses Oeuvres spirituelles a été publié par Marc-Philippe Dutoit Mambrini, Paris, 1790—91. 40 vol. in 8.

Outre l'article «Guyon» donné par L. Louvet, dans la «Nouv. Biographie générale» t. XXII, col. 934—41, voyez celui de H. de Laporte, dans la «Biographie universelle, t. XIX, pp. 249—55, ou nouv. édit., t. XVIII, pp. 284—87; mais l'ouvrage le plus intéressant à lire sur le Quiétisme, est celui de J. Matter: «Le Mysticisme en France au temps de Fénélon». Paris, 1865. in 8. Grégoire a aussi consacré un chapître au Quiétisme, dans son Histoire des sectes rel., t. II, 90—107.

GULDENSTUBBE (Le baron Louis de).

Il est auteur de: «*la Réalité des esprits et le phénomène merveilleux de leur écriture directe démontrée. Pneumatologie positive et expérimentale*». Paris 1857. in 8 avec 15 pl. Il est encore auteur, avec M-elle J. de Guldenstubbe, sa soeur, de deux ou trois ouvrages du même genre, moins étendus.

Il a été question de ces deux spirites dans le procès Beauvau-Craon, en 1868—69.

II.

Les Habitans du monde invisible, ou les purs esprits, les anges déchus et les possédés, histoire récente dont les faits surnaturels sont démontrés. Ouvrage.... (Par *Adolphe Bachelet-Vauxmoulins*). Paris, et Auxerre, 1850. gr. in 8 de VI—223 pp.

Oeuvre mystico-spirite d'une tête détraquée.

HAUGE (Hans Nielsen) (1771+1823).

Hauge, paysan norvégien, séduit par les rêveries du pasteur Gérard Seeberg, fondateur de la secte des Seeber-

giens, fonda à son tour la secte des Haugiens qui absor-
ba celle de son initiateur. Il se fit auteur et publia en
1796, *Considérations sur les folies du monde*, qu'il
fit suivre la même année d'une *Dissertation sur la
sagesse divine*. Plus tard Hauge s'établit imprimeur à
Christiansand pour avoir plus de facilités à publier ses
rêveries; c'est dans cette ville qu'il imprima presque tous
ses écrits, dont le nombre est de quatorze.

Voyez «Histoire des sectes religieuses» de Grégoire,
V, 467—76.

*Hiacinte, œuvre curieuse, dédiée à S. A. Serenis-
sime M-elle de Soissons;* avec cette épigraphe:

Rien du sang que le beau.

(Par Bomard des Mallées). Paris, Cl. Barbin, 1684,
in 12 de XIV—136 pp.

Ce mince volume est dénué de tout bon sens.

* HOBURG (Christian) (1607—1675).

Hoburg qui s'était lié à Amsterdam, avec Jean de La
badie et avec Antoinette Bourignon, traduisit en allemand plusieurs ouvrages de cette dernière.

Le catalogue Ouvaroff contient, n-os 75—7, l'indication de sa *Théologia mystica*, de sa *Postilla Evan
eliorum mystica*, *ou le suc le plus pur des Evangiles*. Amsterdam, 1663—65. 2 vol. in fol., et de son

le Christianisme inconnu, ou preuves que la plupart des diverses sectes ne connaissent pas J.-C. Franc-fort, 1695, in 8 dont la 1-ère édition est d'Amsterdam 1672. Ce dernier ouvrage fut celui qui irrita le plus tous les clergés contre lui.

Hoburg a fait un grand emploi des pseudonymes; outre celui d'Elias Praetorius, ministre Livonien, il a encore employé ceux de Bernard Bauman, ministre de Berou en Prusse, d'André Seuberlich, et de Christian Montalte.

Les dernières éditions du «Dictionnaire historique» de Moreri parlent de Hoburg, mais d'une manière fautive; l'article de Chaufepié, dans son «Nouv. Dictionnaire histor.», t. II, 5-e partie ou lettre H., pp. 142—46, est beaucoup plus complet et plus exact.

HOME ou HUME (Daniel-Douglas).

Ce jongleur spirite est auteur de: «Révélations sur ma vie surnaturelle». Paris, 1863. in 12 et autres éditions, dont on trouvera la critique dans «les Superstitions dangereuses pour la science» de Th.-H. Martin.

Home eut en 1868, une aventure assez désagréable; il s'était fait remettre par des agissements spirites, une somme d'environ 65 mille livres sterling, d'une mistress Lyon. Cette veuve ayant perdu la foi, ou plutôt les yeux lui ayant été ouverts, réclama son argent; Home s'y re-

fusa; mais il fut contraint à restitution par un jugément
du 1-er mai 1868. Voyez à ce sujet, les journaux de
l'époque, et «les Sciences et la Philosophie» par Th.-H.
Martin, p. 449 et s.

Nous apprenons par Alexandre Dumas: «Un spirite»
chap. III. de ses «Impressions de voyage en Russie»
que D.-D. 'Home se maria en Russie, avec la soeur de
la comtesse Kouchelef. Il parait que les dames russes
lui étaient sympathiques, car il se remaria, avons nous
entendu dire, vers 1870, avec une riche veuve nom-
mée Gloumeline.

HUTCHINSON (John).

Il est auteur de: *Moses's Principia*, 1724—27. 2
vol. in 8 et autres ouvrages dont on trouvera la liste
dans le «Bibliogr. Manual» de Lowndes. Grégoire parle de
ses doctrines et opinions qui sont fort singulières, dans
son «Histoire des sectes religieuses V, 60 et s.

I.

Idealis umbra sapientiae generalis. (Auctore pos-
thumo R. P. F. Spiritu Sabbatherio, Ivoico-Bituri-
censi, capucino; concionatore R. P. Francisco—Maria,
Parisino, capucino). Parisiis, apud D-am Jablier, soro-

rém R. P. Franci — Mariae (sic), 1679. pet. in 8
de III ff. et. 21 pages ou tableaux gravés et pliés
en deux.

Oeuvre dénuée de bon sens. Selon la longue approba-
tion des PP. Capucins de Paris, c'est une œuvre *catholi-
co-christiana*, et *christiano-kabbalistica*.

* IRVING (Edward).

On trouve dans la «Revue Britannique» octobre 1827,
un article: «M. Ed. Irving et le docteur Chalmers» traduit du «New Monthly magazine» dans lequel l'auteur
[W. Hazlitt] se montre bien peu respectueux pour ces
deux prédicateurs.

A. Erdan a consacré un curieux chapitre à Irving et
Irvingisme, dans sa «France mystique» I, 257—70.

J.

JOSEPH de NEVIS [Etats-Unis].

Ce Joseph, né dans l'île de Nevis, *citoyen et héri-
tier du Ciel et de la Terre*, a fait imprimer, en no-
vembre 1808, et disséminer une longue: «*Proclamation
of the kingdom of God, by the lord Joseph of Nevis
my representative in personne*». Cette proclamation
était adressée aux églises et aux gouvernemens de l'Amé-

rique du Nord; tous les indociles qui refuseraient de reconnaître sa mission divine, devaient être vendus comme esclaves. Voyez Grégoire, V, 81.

* JOURNET [Jean].

Son article donné par Monselet dans ses «Statues et statuettes», pp. 127—33, a été reproduit dans ses» Portraits après décès» [1866], pp. 273—80.

Juanita, nouvelle par une chaise, suivie d'un proverbe et de quelques œuvres choisies du même auteur, et précédée d'une Préface de l'éditeur sur le phénomène des tables mouvantes.

...... Les œuvres littéraires de la chaise ne sont que la préface d'un livre mystérieux qu'elle dépliera page à page aux yeux éblouis des croyants.

[Epilogue, page 63].

En vente à l'imprimerie du gouvernement; Basse-Terre [Guadeloupe]. 1853.

Voyez: «De la Baguette divinatoire...et des tables tournantes» [1854], par M.-E. Chevreul. p. 3.

JULLIARD [M-elle Isabelle].

Une Possédée en 1862, par M-elle Isabelle Jullard.

4

Les miracles accompagneront ceux qui auront cru, ils chasseront les démons en mon nom.

[Ev. St. Marc, ch. XVI, v. 17].

Paris, 1862. in 12 de IV—177 pp.

Histoire d'une femme possédée par l'Esprit d'un ancien Camisard mort deux cents ans avant; l'exorcisme a été opéré par M. Henri Delaage. — Voyez: «Les sciences et la Philosophie» par Th.-H. Martin, p. 367 et suiv.

K.

* KHUNRATH ou KUNRATH [Henri].

Le catalogue Ouvaroff contient de lui, l'indication de huit ouvrages.

Kunrath a un article dans le «Nouv. Dictionnaire historique» de Chaufepié, III, lettre K., pp. 55—6; voyez aussi la «Biographie universelle» et la «Nouv. Biographie générale».

* KLEINOFF [George].

Grégoire parle de Kleinoff, dans son «Histoire des sectes religieuses», V, 409—12.

* KNUTZEN ou KNUZEN [Matthias].

Knutzen a un article dans le «Dictionnaire historique» de Bayle, article complété par un autre dans le «Nouv. Dictionnaire» de Chaufepié.

* KOPKEN [Balthazar].

Philomneste junior, qui a pris ses renseignements dans le Catalogue Ouvaroff, a commis deux erreurs à propos de Kopken; il n'y a que le n° 84. *Sapientia Dei in mysterio crucis....* qui est de lui; les deux autres ouvrages cités, les n° 85 et 86, *Le Chemin du Sabbat du repos....* et *l'Envoi théosophique....* sont de deux écrivains anonymes non encore découverts.

* KRUDENER [Madame de].

Philomneste junior s'est trompé; «*Indication de la vraie religion ou Manière indubitable*»....n'est pas de Mad. de Krüdener, quoiqu'il suive les articles qui concernent les actes religieux de cette illuminée, dans le catalogue Ouvaroff, n° 174; le rédacteur ne lui a pas attribué cet ouvrage absurde.

Citons parmi les ouvrages religieux de cette dame «*Lettre de Mad. la baronne de Krudener à M. de Bergheim, ministre de l'intérieur à Carlsruhe, 14 février*».Carlsruhe, 1817 in 8 de 20 pp. Y a-t-il eu des liens de parenté entre le ministre de Carlsruhe et

4*

la fille de Madame de Krüdener, Madame la baronne
de Bergheim? Cette dernière que j'eus l'occasion de
rencontrer plusieurs fois dans des maisons de la no-
blesse de Moscou, vers 1836—1838, habitait presque toujours ses terres de Crimée, terres qui avaient
été données à sa mère, par l'empereur Alexandre. Grégoire qui parle de Mad. de Krüdener dans son «Histoire
des sectes relig.» II, 64—71, cite encore: *«Nécessité
de la croix et de ses souffrances pour se sanctifier»*
in—12 de 12 pp. et d'autres opuscules.

L'article «Krudener» par Parisot, dans la «Biographie
universelle» est assez complet; le comte d'Allonville parle
de cette dame dans ses «Mémoires secrets», t. VI, chap.
XXXI, p. 292 et. suiv., le comte était parent par alliance de Mad. de Krüdener; les «Quinze années d'un pros-
crit» par Guillaume de Vaudoncourt, contiennent, t. II,
p. 237 et s., une note curieuse sur cette dame; voyez
encore les «Salons de Vienne et de Berlin» (par H. Blaze
de Bury), pp. 231—92; citons pour mémoire «La baronne de Krudener et l'empereur Alexandre» par Cape-
figue, qui n'a aucune valeur. On trouve quelques renseignements sur les derniers jours de Madame de Krüdener
dans un article que M. Ladrague a consacré à Madame la comtesse de Guacher (*alias* la comtesse de La
Motte, de l'affaire du Collier), avec laquelle elle se rendit en Crimée, dans «le Bibliophile belge» 1866,

pp. 125—36. Les derniers journaux m'annoncent la publication de la correspondance de Mad. de Krüdener par le bibliophile Jacob (Paul Lacroix); cette publication doit être intéressante pour la vie mystique de cette dame.

* KUHLMAN (Quirinus).

Outre les articles de la «Biographie universelle» et de la «Nouv. Biographie générale», voyez celui que Bayle a consacré à ce visionnaire dans son «Dictionnaire historique». — Le dernier ouvrage sur lui est celui de M. le professeur N. Tichonrawoff, de l'Université de Moscou. «Quirinus Kuhlmann (verbrannt in Moskau den 4 October 1689). Ein culturhistorische Studie von Prof. N. Tichonrawow. Aus dem Russischen übersetzt von A. J. Fechner». Riga, 1873. in 8 de 80 pp.

L.

* LABADIE (Jean de)

La profession de foi de Labadie est contenue dans *Eclaircissement ou déclaration de la foy des sieurs J.*

de Labadie, P. Yvon et P. Du Lignon». Herfordt, 1671.
in 8., dont il y a une traduction allemande, ibid., 1671,
une en flamand, Amsterdam, 1671, et une en latin
qui a été fort augmentée, Herfordt, 1672. in 8. Cet
ouvrage a été publié par Labadie, pendant sa retraite
près de la princesse palatine Elisabeth, fille du prince
palatin Frédéric V, roi élu de Bohême; cette savante
correspondante et élève de Descartes était abbesse d'Herfordt.

Le «Bulletin du bibliophile» (1874), 496—508, dans
un article signé W. O. (masque de M. William Martin), donne une curieuse analyse d'un pamphlet dirigé
contre Labadie, intitulé: «Galbanum jésuitique, ou quin-
tessence de la sublime théologie de l'archi-coacre Jean
de la Badie. II-e édit. rev., corr. et augm.» Cologne,
chez Jean du Four, imprimeur ordinaire des Pères de la
Société de Jesus, in 12. L'article de Grégoire, dans son
«Histoire des sectes religieuses», se trouve au t. V, pp.
304—11; voyez encore le «Nouv. Dictionnaire hist.»
de Chaufepié, t. III, lettre L., pp. 1—11.; «La France
protestante» par Haag, t. VI, 140—.7.

LA COSTE (Bertrand de), réfugié protestant, ingé-
nieur au service de l'électeur de Brandebourg.

Il est auteur de plusieurs ouvrages sur la quadrature
du cercle, dont l'un, *Démonstration de la quadra-*

ture du cercle, qui est l'unique couronne et principal sujet de toutes les mathématiques. Hambourg, 1667, in 4, ou 1667, in 8, est dédié à Antoinette Bourignon. Faisant allusion aux lettres initiales d'Antoinette et de Bertrand, il déclare en langue algébrique qu'elle est l'A en théologie, et lui le B. en mathématiques. Depuis, La Coste découvrant qu'A. Bourignon ne partageait pas ses opinions en mathématiques, tourna son admiration en haine, ameuta le peuple contre elle, la poursuivit jusqu'en Hollande, où elle avait été forcée de se réfugier, et écrivit contre elle. Voyez Grégoire, t. II, 214; «La France protestante» de Haag, VI, 180.

LA CROIX (Madame la marquise de).

Quoique cette dame n'ait rien écrit, elle mérite d'entrer dans cette liste de cerveaux plus ou moins troublés; Gleichen et Matter me fourniront le peu que je dirai d'elle. «Madame de Jarente, fille du marquis de Sénas, épousa fort jeune le marquis de la Croix, officier général au service d'Espagne. Elle rejoignit son mari lorsqu'il fut nommé vice roi en Galice. Après la mort de son mari elle quitta l'Espagne, maltraitée et fort pauvre, vint à Lyon, y tomba dangereusement malade, eut des visions pendant sa maladie, et passa de l'incrédulité la mieux conditionnée à une crédulité sans bornes. Parmi les livres mystiques qu'elle lisait alors, celui

«des Erreurs et de la Vérité» l'avait charmée davanta-
ge, et c'est à lui qu'elle attribuait principalement sa
conversion. Aussi rechercha-t-elle l'auteur, le recueillit
chez elle, et se composa, toujours disputant avec lui,
un petit système théosophique particulier, qui n'avait pas
le sens commun. Je n'en citerai qu'un exemple: elle appli-
quait le fameux *quaternaire* du livre de Saint-Martin
à la divinité, en qui elle prétendait qu'il y avait quatre personnes engendrées successivement: le fils du père,
le Saint-Esprit du fils et Melchisédec du Saint-Esprit. Mais madame de la Croix était bien plus forte pour
la pratique que pour la théorie. Son affaire principale
était de combattre le diable et de guérir les maladies.
Elle croyait comme le P. Gassner, dont elle faisait grand
cas, que le diable est cause de presque toutes les maladies, lesquelles avaient toujours leur source dans
quelque péché, qui avait soumis la partie malade aux
influences du démon. Elle opérait par des prières et
par l'imposition de ses mains arrosées d'eau bénite et de
saint chrême.....» (Gleichen).—«La marquise de la Croix,
dit Matter, avait des dispositions mystiques qui se dé-
velloppèrent jusqu'à la mettre assez habituellement dans
un état qui tenait le milieu entre la vision et l'extase,
ce qu'on appellerait aujourd'hui un état de communication très familière avec les esprits. Saint-Martin raconte lui-même qu'elle avait «des manifestations sensi-

bles». Cela veut dire qu'elle voyait des esprits ou qu'elle les entendait et leur parlait. Elle avait avec eux des rapports à ce point involontaires qu'on la voyait interrompre la conversation pour ces audiences hors ligne....». C'est près de Madame de La Croix que Saint-Martin écrivit son «Tableau naturel».

Cazotte dont les dernières années furent livrées à l'illuminisme, avait formé avec cette dame une alliance spirituelle, que le grand âge de ces deux personnes met-tait à l'abri des mauvais propos qui auraient pu être tenus; voyez à ce sujet les ouvrages concernant les der-nières années de Cazotte, cités plus haut.

On trouve des renseignements sur Madame de La Croix, dans les «Souvenirs,» du baron de Gleichen, pp. 166—78 de la traduction française; dans l'article d'après Gleichen, des «Personnages énigmatiques» de Bülau, t. I, pp. 393—401 de l'original allemand, ou t. I., pp. 388·-96, de la traduction française; voyez aussi le «Saint-Martin» de Matter.

* LASSAILLY (Charles).

L'article consacré à Lassailly, par Monselet, dans ses «Statues et statuettes» (1852), 77—100, a été re-produit avec des augmentations, dans ses «Portraits après décès (1866). 29—60.

LAVATER (Jean-Gaspard).

Citons, des très nombreux écrits de l'auteur des «Essais sur la physiognomie», son *Ponce Pilate, ou l'homme sous toutes les formes; ou la hauteur et la profondeur de l'humanité, ou la Bible en petit et l'homme en grand, ou l'Ecce Homo universel, ou tout en un.* Zurich, 1782—85. 4 vol. in 4.; le plus considérable, mais non pas le plus extravagant des ouvrages de Lavater, dit Mirabeau dans sa curieuse «Lettre à *** sur MM. de Cagliostro et Lavater», Berlin 1786. in 8 de 48—XIII pp:

On a publié ces dernières années, *Correspondance inédite de Lavater avec l'impératrice Marie de Russie sur l'avenir de l'âme, trad. de l'allem. sur le ms. original déposé à la bibliothèque imp. de Saint-Pétersbourg.* Paris, 1868. in 8 de 31 pp. Chacune des trois dernières de ces six lettres est accompagnée d'une lettre d'outre-tombe, dont l'une est signée *Makariosenagape*; Lavater ne nous apprend pas par quelle voie ces lettres lui sont parvenues; est-ce par la pneumatographie? s'est-il servi d'un médium? Selon Eliphas Lévi: «Histoire de la magie» p. 456, Lavater se servait d'un médium, qu'il nomme Gablidone.

* LAW (William).

Voyez dans le «Saint-Martin» de Matter, chap. XI,

les rapports amicaux de ce ministre anglican avec le théosophe français.

LEADE (Jeanne) (1623+1704).

Cette célèbre mystique anglaise de l'école de Böhme fonda la société des Philadelphes, d'après la «Sophia» de J. Pordage, d'abord son maître, ensuite son disciple. Elle a écrit une huitaine d'ouvrages dont on trouvera les titres dans les articles qui lui sont consacrés. Grégoire a consacré un article à Jane Leade, dans son «Histoire des sectes religieuses»; consultez aussi le chap. VIII du «Swedenborg» de Matter. Jane Leade a signé plusieurs de ses écrits du pseudonyme de Leona Constantia, voyez les nos 1864—65 du catalogue Ouvaroff.

Voyez la «Biographie universelle» et la «Nouv. Biographie générale».

* LELOYER (Pierre)

L'abbé d'Artigny parle d' «Edom ou les colonies iduméanes» dans ses «Mémoires d'histoire» t. I, p. 91 et suiv. La notice de J.-F.-M. Albert parue la première fois dans le «Moniteur de la librairie» (1844), a été reproduite dans «le Bibliothécaire», en juillet 1844, pp. 11—17, et ensuite dans «le Quérard» (1856), pp. 51—56. Voyez aussi «Mélanges tirés d'une petite bibliothèque» par Ch. Nodier, pp. 323—25.

LE NORMAND (Marie-Anne-Adélaïde).

Ranger cette fameuse cartomancière dans la catégorie des fous est peut-être un non sens, ce serait plutôt la troupe de ses dupes qui devrait y figurer. Quelle que soit l'opinion du lecteur, disons que Melle Lenormand a beaucoup écrit; citons: *Les Souvenirs prophétiques d'une sibylle*, 1814; *les Oracles sibyllins*, suite du précédent, 1817; *la Sibylle au congrès d'Aix-la-Chapelle*, 1819; *Souvenirs de la Belgique*, 1822; etc. etc. Melle Lenormand a des articles dans la «Biographie universelle» et la «Nouv. Biographie générale; celui de la «Biographie des contemporains» par Rabbe et Boisjolin a sans doute été fourni par l'intéressée, car il est rempli de mensonges.

* LEROUX (Pierre).

Erdan lui a aussi consacré un chapitre dans sa «France mystique» t. II, pp. 110—17.; voyez encore son article dans le «Dictionnaire de l'économie politique» de Guillaumin et Coquelin.

* LOGOTHETA (Isidorus Charisius), philyro-politanus.

Cet article de Philomneste junior est plein d'erreurs provenant toutes de son fait, car le rédacteur du catalogue Ouvaroff, s'il a ignoré, n'a du moins rien avancé de faux. Le n° 102. *Theologia christiana in numeris, c'est-à-dire...* (en allemand) est le seul ouvrage de Isid. Chr. Logotheta, et cet écrivain n'est pas français; le rédacteur du catalogue, M. Ladrague, ignorait le nom véritable, puis qu'il ne l'a pas donné; ce nom est Jean-Christian Lange, alchimiste dont on possède un ouvrage sur l'existence d'un acide aérien.—Le n° 103. *Nouveaux Discours spirituels sur diverses matières de la vie intérieure, ou Témoignage d'un enfant de la vérité et droiture des voies de l'esprit....* est de Charles-Hector de Saint-Georges de Marsay, Saint-Georges de Marsay, né à Paris en 1668, parvint à fuir avec sa mère, la persécution à la révocation de l'édit de Nantes et se réfugia en Hanovre. Il donna dans l'illuminisme et le mysticisme; élève du comte de Metternich, qui l'était lui-même de madame Guyon, il traduisit en allemand plusieurs ouvrages de cette dame. Après une vie très agitée, Saint-Georges de Marsay est mort en 1755.—Quant aux n°ˢ 104 à 107, le rédacteur sans doute à cause des titres qui commencent tous les quatre, par: *Témoignage d'un enfant de la vérité et droiture des voies de l'esprit,* et portent tous ensuite: *traduit du français d'après le manuscrit original,* le rédacteur y a vu quelqu'analogie avec les *Nouveaux Discours spirituels,* et il ne s'est pas trompé dans ses conjectures, car ils sont aussi de Saint-Georges de Marsay. Voyez «la France protestante» de Haag.

* LOPOUKHINE (Ivan).

Je profiterai de ce que Philomneste a inscrit le nom d'I. Lopoukhine pour donner quelques renseignements sur les ouvrages de cet écrivain mystique, renseignements ignorés du rédacteur du Catalogue Ouvaroff et même de beaucoup de personnes en Russie.

Au n° 295 du catalogue Ouvaroff, on trouve: *Catchisme moral pour les vrais F.-M* (*Par le sénateur Jean Lopoukhin*), sans lieu (Paris), 5790 in 24 de 16 pp. Cette indication de Paris comme lieu d'impression est inexacte; dans ses Mémoires, p. 23, Lopoukhine raconte pourquoi et comment il écrivit ce petit ouvrage. Il le composa en russe et le traduisit en français, puis il l'imprima lui-même dans l'imprimerie de la Société typographique. Il le donna ensuite à un libraire de sa connaissance pour qu'il le mit en vente comme un ouvrage venant de l'étranger. Ce fait, dit Lopoukhine, ne fut connu que de trois personnes en qui j'avais toute confiance. Le Catéchisme moral a été reproduit en russe, dans «le *Chevalier spirituel* dont nous parlerons plus bas, et dans «*Quelques traits de l'Eglise intérieure*.

Au n°° 157—158, il est dit que «*Quelques traits de l'Eglise intérieure* a été traduit par Lopoukhine lui-même, ce qui est inexact, car cette traduction a été faite par Charles Aviat de Vatay, lecteur de langue française à l'Université de Moscou. Dans ses Mémoires, p. 30 et suiv., Lopoukhine nous apprend qu'outre la traduction allemande d'Ewald (n⁰ 159 du Cat. Ouv.), il y en a encore une autre de cet ouvrage, faite par J. Stilling (Joh. Henr. Jung) qui de plus en a donné une en latin.

Au n⁰ 295, il est dit que le *Catéchisme moral* a encore été réimprimé dans le *Chevalier spirituel*, ouvrage que le rédacteur avoue ne pas connaitre, et ne pas même savoir s'il est en russe ou en français. Ce livre écrit en russe, dont il n'y a pas de traduction francaise, est de la plus grande rareté, m'a dit une personne qui a fait de grandes recherches sur les anciens livres russes et principalement sur ceux provenant des presses des Martinistes de Moscou, car elle n'a pu le voir qu'en manuscrit. Ce témoignage est confirmé par Sopikoff, dans son «Essai de bibliographie russe» (en russe. St.-Pétersbourg, 1813—21) qui en donne des extraits étendus dans le t. II, pp. 380—89. On me pardonnera de faire connaitre avec détails ce livre rare et très peu connu. «Le Chevalier spirituel, ou l'investigateur de la Sagesse (Par le sénateur Ivan Vladimirovitch Lopoukhine)». Sans lieu ni adresse (mais Moscou, dans l'imprimerie de la société typographique, chez I. Novikoff), 5791 (1791) gr. in 8 carré de 60 pp. L'ouvrage est divisé en deux parties, dont la première remplissant les quarante-six premières pages, est intitulée:«Règles générales pour les Chevaliers spirituels, ou investigateurs de la sagesse»; la seconde: *Catéchisme moral pour les vrais F M., à l'usage de ceux qui cherchent la sagesse, qui pour acquerir les voies de la sagesse et de son étude mystérieuse peuvent s'occuper de la contemplation du Tableau connu qui représente l'image du Temple de la Nature et de la Grâce.*

Il résulte du titre de cette seconde partie que la grande planche mytho-hermétique: le *Tableau représentant le Temple de la Nature et de la Grâce* (voyez le n° 159 du Cat. Ouvaroff) devait déja avoir été publié, au moins en russe.

Cet ouvrage a eu une seconde édition beaucoup plus moderne qui ne doit pas être moins rare que la première; elle est intitulée: O Ζηλοςοφος. *L'aspirant à la Sagesse, ou le Chevalier spirituel.* Sans lieu ni adresse, 5791. in 8 de 116 pp. Cette édition tirée à très petit nombre a quelques augmentations à la fin du volume; la date n'est que celle de la première édition. Quand a-t-elle été publiée? Ce ne peut être que peu de temps avant la mort de Lopoukhine arrivée en 1816.

La littérature russe est riche en ouvrages, tant originaux que traduits, de la catégorie de ceux que Philomneste junior a classé dans son «Essai bibliographique».

Consultez entre autres «Novikoff et les Martinistes de Moscou» par M. Michel Nicolaevitch Longuinoff (en russe). Moscou, 1867, gr. in 8 de VI—384—76 pp.

LUCAS (J.-P.—A.)

Ce mathématicien qui s'intitule: auteur de la «Quadrature du cercle» est auteur de plusieurs ouvrages dans lesquels il a placé beaucoup de rêveries qu'on trouvera exposées dans «Les Excentriques» de Champfleury (1852), pp. 68—83. Inutile de dire que Lucas professe une grande animosité contre l'Institut (section des sciences exactes) qui n'a pas voulu s'occuper de sa découverte, et contre lequel il a écrit.

M.

MAIMBOURG (le P. Louis).

M. J.-F.-M. Albert fait entrer le P. Maimbourg, dans ses «Recherches sur quelques écrivains ridicules» (voyez «le Bibliothécaire» 1844, 1er no et unique, et «le Quérard» 1856, pp. 59—61) à l'occasion d'un «Sermon sur les chiens». On trouvera aussi l'anecdote dans le «Dictionnaire historique» de Bayle, article «Maimbourg» note C, d'où M. Albert l'a tirée.

5

MARTIN (Thomas-Ignace).

Il y a sous le nom de ce visionnaire, «*Relation con-tenant les événements qui sont arrivés au sieur Mar-tin, laboureur à Gallardon, en Beauce, dans les premiers mois de 1816. Nouv édition rev. et augm. par M. S** (Louis Silvy), ancien magistrat.* Paris, 1830 in 8. Cette relation parue la première fois en 1816, a été plusieurs fois réimprimée avec quelques changemens dans le titre.

Thomas Martin avait reçu plusieurs fois la visite d'un ange qui lui ordonna d'aller faire un rapport à Louis XVIII. Th. Martin avait eu un prédécesseur en la personne de François-Michel, de Salon (Provence), auquel un spectre était apparu, et sur l'ordre duquel il alla faire son rapport à Louis XIV, en avril 1697; Saint-Simon en parle dans ses Mémoires. Voyez sur cette appa-rtion: «*Relation historique d'une apparition qui, vers la fin du dernier siècle, a fait beaucoup de bruit en France*», dans «Pièces intéressantes et peu connues....» de La Place (1785), V, 288—77.

Martin a des articles dans la nouv. édition de la «Bio-graphie universelle» et dans la «Nouv. Biographie géné-rale;» voyez aussi l'article «Silvy» dans cette édition de la «Biographie universelle».

* MICKIEWICZ (Adam).

Erdan a consacré une étude à Ad. Mickiewicz et à A. Towianski, avec le portrait de ce dernier, dans sa «France mystique» t. II, pp. 42—70. Voyez aussi l'article «Mickiewicz» par A. Maury, dans la «Biographie universelle» nouvelle édition.

MÜLLER (Johann-Adam).

Ce visionnaire a occupé l'Allemagne de ses rêveries, surtout vers 1807. Il a publié en 1810, ses visions dans un écrit intitulé: «Le Prophète Müller peint par lui-même»; ce paysan prophète était alors âgé de 46 ans. Une troisième édition de cette brochure est indiquée au n° 1882 du Catalogue Ouvaroff, avec cette note: «Melle Lenormand, dans la ibylle au congrès d'Aix-la-Chapelle, a paraphrasé ce prophète dans son chapitre «le Prophète Muller, ou la montagne du Loosberg», pp. 106—53».

MURALT (Beat-Louis).

Muralt est auteur de: *Lettres fanatiques*. Londres, 1739. 2 vol in 12, et de: *L'Instinct divin recommandé aux hommes*. (Zurich), 1727; nouv. édition, Londres, 1790. in 12. Il prétend que la période qui devait durer jusqu'au second avènement de Jesus-Christ est finie; bientôt arrivera une régénération universelle qui sera précé-

dée de grands fléaux. La France sera le lieu où se fe-
ront les premiers pas vers cette régénération qui sera la
fin du monde corrompu, mais non la destruction de la
terre, comme on l'a cru par une fausse interprétation
des paroles de Jesus-Christ et des prophètes. Grégoire
donne l'analyse de ces ttveies dans son «Histoire des
sectes religieuses» t. II, pp. 214—17.

*Les Mystères du Christianisme approfondis radi-
calement, et reconnus physiquement vrais.—Le nom de
la vérité déclarera sur chaque feuillet de ce livre,
qu'elle seule en a dicté le contenu à celui qui le
met au jour; il devait ce tribut à sa gloire. L'ordre que demandait cet ouvrage, a nécessité la divi-
sion en deux parties:—la 1-re dévelope (sic) l'histoire
générale du Monde, base des Saints Livres, qui cons-
tituent l'Ancien Testament des Chrétiens;—la 2e éclair-
cit les 3 grands Mystères, ainsi que les 4 Evangiles de Jésus, base de nos 7 Sacrements, de tous nos
Dogmes théologaux et de toutes les cérémonies de
notre Loi-Nouvelle.* Londres, P. Elmsly, 1771—77. 2
vol. in 8 avec front. gravé.

Le titre courant est: *La Vérité.* Barbier, d'après une
note de J-P. Moët, appelle l'auteur: Bebescourt.

Cet ouvrage d'un mysticisme bizarre et peu décent, peut
être résumé en peu de mots; l'auteur explique l'Ancienne
Loi et la Nouvelle, les dogmes, les mystères et les

cérémonies du culte, par l'acte de la génération. Voilà
certes une singulière explication.

N.

NAPIER ou NEPER (John) (1550 + 1617).

Le savant inventeur des Logarithmes peut prendre place dans cette galerie avec autant de droits que l'illustre
Newton, qui y a été mis par Philomneste junior. Napier
est auteur de *«A plain discovery of the whole
Revelation of St. John...* Edinburg, 1593 in 4, dont
il y a une traduction française par Georges Thomson,
La Rochelle, 1602. in 4. (voyez le «Manuel» de Brunet et «the bibliogr. Manual» de Lowndes). Entre autres
choses, on trouve dans cet ouvrage que le pape est
l'Antechrist prédit par les prophéties, que la fin du
monde devait arriver entre 1688 et 1700. etc. Ce qui
concerne la papauté a été réfuté dans *«les Secrets de
l'Apocalypse ouverts et mis au jour par le Sr. de
Perrieres Varin.* Paris, 1613. in 12 de 1 f. et 45 pp.
avec fig.

Voyez l'article de Napier dans la «Biographie universelle» et dans la «Nouv. Biographie générale».

* NATIVITÉ (La soeur de la).

Sous le titre: *Apocalypse de la soeur Nativité*, la Revue Britannique, février 1828, a donné une analyse et appréciation de l'ouvrage mis sous le nom de cette béate, article traduit du Quarterly Rewiev. Voyez aussi l' «Histoire des sectes religieuses» de Grégoire, t. II, 51—54.

NOSTRADAMUS (Michel de Nostredame, ou), célèbre astrologue français.

Les éditions des *Prophéties* de Michel Nostradamus, depuis la première de Lyon, 1555, jusqu'à nos jours, sont si nombreuses, que je ne puis que renvoyer au «Manuel du libraire» de Brunet, pour les premières, et à l'«Histoire des livres populaires» de Ch. Nisard, t. I, pour les dernières. Quant à lui-même, ses annotateurs et commentateurs, etc. depuis Jean-Aymes de Chavigny (1594) jusqu'à H. Torné-Chavigny (1880), consultez les «Nouv. Mémoires d'histoire» de l'abbé d'Artigny, tomes II, III et VII; les articles «Nostredame» et «Notredame» dans la «Biographie universelle» et la «Nouv. Biographie générale»; mais surtout les «Etudes sur Nostradamus» par F. Buget, neuf articles qu'on trouve dans le «Bulletin du bibliophile» des années 1830 à 1863, voyez encore «Nostradamus» par Eugène Bareste. Paris 1840, in 8 ou 12, quoique la biographie n'ait aucune valeur, selon Buget.

O.

* OETINGER (Fr. Christophe).

Voyez sur les rapports de Swedenborg avec Oetinger, le «Swedenborg» de Matter, chap. XVIII et XIX. Le journal «la Nouvelle Jérusalem», contient plusieurs lettres de Swedenborg, dont trois à Oetinger; il lui parle des désagrémens que lui a attirés sa traduction allemande du «Ciel et de l'Enfer»; Oetinger a des articles dans la «Biographie universelle» et dans la «Nouv. Biographie générale.

L'Ouverture interne du royaume de l'Agneau occis dans nos coeurs, avec le total assujétissement de l'âme à son divin empire, etc; par un pauvre villageois, sans autre science ni étude que celle de Jésus crucifié. Paris, 1660, in 4.

L'auteur de cet ouvrage est un paysan de Montmorency, homme très pieux, mais très-mauvais écrivain; il se nommait Jean Aumont. Voyez l'«Histoire du diocèse de Paris» par l'abbé Le Beuf, article *Montmorency.* (Barbier, Anonymes) Grégoire. «Hist. des sectes religieuses» II, 247.

P.

* PARISOT (Jean-Patrocle).

Bayle, dans les «Nouvelles de la république des lettres», octobre 1685, pp. 1127—35, donne l'analyse d'un *Placet* imprimé, *au Clergé de France*, pour que les évêques eussent à employer leur autorité pour propager son explication du mystère de la S. Trinité. Inutile de dire si Bayle ménage Parisot dans son article.

PASQUALIS (Martinez) (1715+1779)

Cet illuminé, plus célèbre que connu, a écrit un *« Traité sur la Réintégration des êtres dans leurs premières propriétés, vertus et puissances spirituelles et divines*, resté manuscrit, et quise compose de plusieurs parties, formant environ 355 pp. in 4. «Il a pour objet, non pas l'état actuel des choses, dit Matter, mais le rétablissement de leur état primordial, celui de l'homme et celui des êtres en général. Et, loin d'offrir une discussion ou une hésitation quelconque, il expose la pensée de son auteur très magistralement. Point de doute, ni de difficultés sur rien; des révélations, du mystère, de l'obscurité partout. Son point de départ est pris dans nos premiers textes sacrés, mais c'est moins un commentaire qu'une nouvelle révélation, du moins une dogmatique substituée à une autre........... Son auteur, en cessant d'écrire, n'en est encore qu'à Saül, et, s'il donnait dans sa pensée aux discours des prophètes, à ceux de Jésus-Christ et à ceux de ses apôtres la même étendue qu'à ceux de Moïse et de ses successeurs, il nous laissait

toute une bibliothèque.....» («Saint-Martin», pp. 12—18).
M. Franck a reçu de M. Matter fils, communication d'une
copie qui se trouvait entre ses mains; il a été auto-
risé à en reproduire l'introduction, qu'on trouvera dans
«la Philosophie mystique en France à la fin du XVIIIᵉ
siècle». Saint-Martin et son maître Martinez Pasqualis
(Paris, 1866. in 12), pp. 202—26.

L'ouvrage qui passe généralement pour contenir, du
moins en partie, la doctrine de Martinez Pasqualis, est
celui de l'abbé Fournié. (Voyez plus haut).

On sait peu de chose sur Martinez Pasqualis, la
«Biographie universelle» et la «Nouv. Biographie générale» donnent peu de renseignements sur lui; il faut
recourir à l'ouvrage de M. Ad. Franck, pp. 10—25,
mais surtout au «Saint-Martin,» de M. Matter pp.
8—73.

PETERSEN (Johann-Willhem) (...+1727).
Il est auteur de: *l'Economie complète de l'amour
de Dieu dans le Christ...* (en allemand), sans lieu
d'impress., 1707. in 8 de XXIV—432 pp. (voy. le. Cat.
Ouvaroff, nᵒ 95)l et de plusieurs autres ouvrages indiqués
par Grégoire.

Vers la fin du dix-septième siècle, Rosemonde-Ju-
lienne, comtesse d'Assebourg annonçait qu'elle jouissait

de la vision béatifique de Dieu, qui l'avait chargée de manifester ses volontés sur la terre. Jésus-Christ lui apparaissait dans sa gloire.:. Les rêveries de cette femme, qui, pendant quelques années, occupèrent l'attention publique, devinrent l'objet d'une correspondance entre la princesse Sophie de Brunswick et Leibnitz. J.-W. Petersen, surintendant de Lunebourg, se constitua le panégyriste de la comtesse, et se donna lui-même pour inspiré, ainsi que sa femme Jeanne-Eléonore de Merlau, qu'on appelait la Sibylle de Lunebourg; il écrivit en faveur des rêveries de la comtesse, fut censuré par le consistoire, et ensuite déposé. Il mourut près de Magdebourg, en 1727; la secte qu'il avait fondée ne lui survécut pas.

Gottfr. Arnold a publié à Francfort, en 1705, *Consilia und Responsa theologica, oder....*, fort vol. in 8 de près de 1000 pp. (voy. le n° 96 dn catal. Ouvaroff), mais il a déclaré qu'il n'en était que l'éditeur. Cet ouvrage est attribué à Jeanne-Eléonore de Merlau, femme Petersen; voy. dans le «Nouv. Dictionnaire hist.» de Chaufepié, l'article «Arnold» t. I, p. 492, note. z.

Voyez l'«Histoire des sectes religieuses» de Grégoire, t. V, 385—90.

PHYLANTROPOS, citoyen du Monde (Onésime Henri de Loos.)

est auteur de: *le Diadême des Sages, ou Démonstration de la nature inférieure; dans- lequel on
trouvera une analyse raisonnée du livre* des Erreurs
et de la Vérité (de C. L. de Saint-Martin); *une dissertation étendue sur la Médecine universelle, avec une
Allégorie sur cette matière, traduite de l'original anglais,....* Par Phylantropos, citoyen du Monde. Paris.
1781, in 12 de 246 pp.

Cet ouvrage mystico-hermétique d'un des derniers
alchimistes français, a été traduit en allemand; voyez les
n°ˢ 1424—26. du catalogue Ouvaroff.

Loos a des articles dans la «Biographie-universelle»
et dans la «Nouv. Biographie générale».

ᵇ POIRET (Pierre).

Outre la «Biographie universelle» et la «Nouv. Biographie générale», consultez le bon article de «la France
protestante» des frères Haag, VIII. 268—71; voyez aussi
celui de C. Bartholmèss dans le «Dictionnaire des
sciences philosophiques», V, 149—53.

PORDAGE (Jean), médecin et naturaliste anglais
(1625+1698).

Cet illuminé, d'abord disciple de Jane Leade, a
ensuite été son maître; il est auteur, entre autres d'une
Théologie mystique, de *Sophia,* qui, inspirée par la

lecture de J. Boehme, a servi de règle à la société des Philadelphes, d'une *Métaphysique divine*, etc. qui ont été traduits en allemand, et même dans d'autres langues. Je connais même une traduction russe dont voici le titre: *«Métaphysique divine et véritable, ou Science surprenante acquise par l'expérience, des choses invisibles et éternelles*, dévoilée par D. I. P. (le Docteur Jean Pordage; traduite en russe d'après une version allemande)». Sans nom de ville ni date (mais Moscou, imprimerie de Novikoff, 1787). 3 forts vol. in 8. Livre extrèmemont rare, dit Sopikoff, qui lui consacre une note, sous le n° 6210. M. C. Bartholoméss a consacré à cet ouvrage un article dans le «Dictionnaire des sciences philosophiques». V, 167—69.

*POSTEL (Guillaume).

L'abbé Cl. Sallier a donné un mémoire sur la rétractation de G. Postel, relativement à la mère Jeanne, adressée par lui à Catherine de Médicis, dans les «Mémoires de l'Académie des Inscript. et Belles-Lettres, t. XV, pp. 809—16. Le «Nouv. Dictionnaire historique» de Chaufepié contient un long article sur G. Postel, dans le t. III, pp. 215—36 de la lettre P.

R.

Recueil de prédictions intéressantes faites en 1733,
par diverses personnes, sur plusieurs événemens im-
portans (Rédigé par C.-F. Desfours de la Genetière).
Sans lieu d'impression (Lyon) 1792. 2 vol. in 8.
Ce recueil contient les prédictions de convulsionnaires
jansénistes, les frères Pierre, Thomas, les soeurs Fran-
çoise, Angélique, Holda, cette dernière était Marie-Anne-
Elisabeth Fronteau (1730 + 1786); elle avait pris
ce nom de la prophétesse Holda dont il est parlé
au IV.e livre des Rois; elle s'appelait encore soeur *Toton*
parce qu'elle jouait avec un hochet de ce nom quand,
chez elle, l'état surnaturel était sur le point de se manifester.—*Extrait d'un Recueil de discours de piété*
sur nos derniers tems (avec une Introduction par
S*** *(Louis Silvy), ancien magistrat.* Paris, Doublet,
1822. 4 tomes en 5 vol. in 12. Ce second ouvrage
contient une partie de l'ouvrage précédent «mais offre
un recueil plus étendu des prédictions d'Elisabeth Fronteau, depuis 1752 au 30 décembre 1786, époque de
sa mort.

Voyez pour ces insanités, l'«Histoire des sectes réli-
gieuses» de Grégoire, t. II, p. 145 et suiv., consultez

pour Desfours de la Génetière la «Biographie universelle»
et la «Nouv. Biographie générale».

* ROEMELING (Chr.-Ant.)

Philomneste s'est trompé; il n'y a que le n° 87 du
catalogue Ouvaroff qui est de Römeling, les n°s 88—90
sont d'un écrivain resté anonyme.

* ROHLER (les frères)

Voyez sur ces fondateurs de la secte des Bruggieriens,
l'«Histoire des sectes rel.igieuses» de Grégoire, V, 392 et s.

ROTH (Jean), fanatique d'Amsterdan, XVII⁺ siècle.

Roth prophétisait en 1668; il dénonça de la part du
roi Melchicédec, à l'empereur, aux rois et aux princes
qu'ils eussent à se défaire de leurs souverainetés, attendu
que le règne de Jésus-Christ allait commencer. Voyez le
«Dictionnaire historique» de Bayle, art. «Kuhlman»,
notes B. et C., et «Histoire des sectes rel.» de Grégoire,
t. V, 49.

ROZE.

*Révélations du monde des esprits spirites obtenue
par J. Roze, médium.* Paris, Ledoyen, 1852. 3 vol
in 12. Communications sur l'astronomie, les sciences,...
sur la psychologie, la morale, etc; le troisième volume

contient. «Commentaires sur les quatre Evangiles» suivis du texte.

S.

SAINT-MARTIN, dit le Philosophe inconnu.

Il est utile de consulter encore sur ce théosophe, «La Philosophie mystique en France au XVIIIe siècle. Saint-Martin et son maître Martinez Pasqualis» par Ad. Franck. Paris 1866. in 12. M. Franck fait observer (p. 90 et s.) que *Le Crocodile, ou la guerre du bien et du mal* est un livre à clef. Voyez aussi «Saint-Martin» dans les «Souvenirs du baron de Gleichen, traduits par P. Grimblot». Paris, 1868. in 12, pp. 151—65, Le baron recommande la lecture du «Μαγικον» ouvrage allemand (de J. Fr. Kleuker). Francfort, 1784. 2 vol. in (8 n°. 191 du cat. Ouvaroff) pour l'intelligence des oeuvres de Saint-Martin, M. Bouchitté a apprécié la philosophie de Saint-Martin, dans le «Dictionnaire des sciences philosophiques», t. IV, p. 125—30. Grégoire parle de la secte des Martinistes dans son «Histoire des sectes rel.» t, V. pp. 217—30.

SMITH (Joseph).

Le Livre de Mormon. Récit écrit de la main de Mormon sur des plaques prises des plaques de Né-phi. Traduit en anglais par Joseph Smith junior. Tra-

duit de *l'anglais par John Taylor et Curtis*.... Paris,
1852. in18. Ce livre fondamental de la doctrine des
Mormons a été traduit en français, en partie, par M.
A.-Louis Bertrand, qui l'a entièrement revu; c'est lui-même
qui nous apprend ce fait dans ses «Mémoires d'un mormon» Paris, 1862. in 12.

La bibliographie la plus complète à ma connaissance.
sur les Mormons, est celle qui se trouve dans le «Voyage
au pays des Mormons...» par Jules Rémy. Paris,
1860. 2 vol. gr. in 8., elle contient environ 135 ouvrages pour et contre ces sectaires. Erdan a donné un
chapitre sur les Mormons, dans sa «France mystique»
t. l, 271—91.

* SOUCHOTT ou SOUTHCOTE (Jeanne)

Jeanne Souchott, en 1813, plus que sexagénaire, pré-
tendit qu'elle était enceinte par influence divine, et qu'elle
enfanterait un nouveau messie, le second Silo. Une foule
d'adhérens par souscription volontaire, firent préparer
et offrirent à Jeanne Souchott, un berceau magnifique
avec une inscription poétique en hébreu, pour l'enfant
qui devait naître, mais la prophétesse mourut et le
second Silo ne vint pas. Selon Grégoire, Jeanne Souchott
est morte en 1814; il existe encore, selon lui, des Jo-
annites ou partisans de Jeanne; voy. son «Histoire des
sectes religieuses» t. V, 77 et suiv.

* STILLING (J.-H. Jung, dit).

J.-N. Grollmann, l'éditeur des Oeuvres complètes de Stilling, a publié en allemand, sous le titre de «Histoire de la vie de J.-H. Jung dit Stilling» (Nouv. édit. Stuttgart, 1843. 3 vol. in 16), un ouvrage fort intéressant sur cet écrivain.

* SUENCKFELDIUS (Gaspar).

Schwenckfeld a un article dans la «Biographie universelle» voyez aussi l' «Histoire des sectes religieuses» de Grégoire, t. V, p. 189 et suiv.

* SWEDENBORG (Emmanuel.).

Un ouvrage intéressant, ce sont les «Notes d'un bourgeois d' Amsterdam sur Swedenborg, avec une notice sur l'auteur (Christian Cuno) par Aug. Scheler». Hanovre, 1858, en allemand. Chr. Cuno, ancien officier prussien, ensuite négociant à Amsterdam s'était lié dans cette ville avec Swedenborg alors âgé de quatre-vingts ans.

Le «Monthly Magazine» mai 1841, a donné un article dans lequel les ouvrages de Swedenborg, et surtout ses écrits philosophiques, sont appréciés sérieusement et avec impartialité; toutes les Revues de la Nouvelle-Eglise en Angleterre et en Amérique l'ont reproduit; on en trouve la traduction dans «la Nouvelle-Jérusalem», t. IV (1841). Les nouvelles «Supercheries littéraires» de Quérard, à l'occasion des traductions faites par Moet et portant son nom, traduisent: *et publiées par un Ami de la vérité par J.-P. Moet répété*; il n'en est rien, car ils ont été publiés par un M. J.A. Tulk, membre du Parlement anglais, qui en a fait les frais.

Grégoire a parlé de l'état de l'église de la Nouvelle Jérusalem, dans son «Histoire des sectes religieuses» t. V, 84—109, mais on trouvera des renseignements plus complets et plus nouveaux dans «la Nouvelle Jéresalem, revue scientifique et religieuse»; cette revue a paru, de mars 1883 à mars 1847 (années 82 à 91 de la nouvelle révélation), sous la direction de Jean-François-Etienne. Le Boys des Guays, auquel on doit la nouvelle traduction à peu près complète des œuvres de Swedenborg; la liste s'en trouve à la suite du «Swedenborg» de Matter.

T.

* **THÉOPHILUS (Christophorus).**

Le renseignement sur Chr. Theophilus pris par Philomneste junior dans le catalogue Ouvaroff, n'est pas exact; le «*Systema theologico-mysticum* est seul du pseudonyme Christoph. Theophilus; *Aurore de la sagesse*, nº 129 qui suit, est d'un écrivain resté anonyme.

THÉOT (Catherine), dite la Mère de Dieu.

Cette visionnaire dont se servaient, pendant la révolution française, des illuminés, pour établir une nouvelle religion, n'a rien écrit, par la raison qu'elle n'aurait npu le faire, ayant déclaré lorsde son arrestation qu'ele ne savait pas écrire. Consultez sur elle et ses adhérents: «Révélations puisées dans les cartons des Comités de salut public et de sûreté générale ou mémoires de Sénart, publiés par Alexis Dumesnil». Paris 1824. in 8 «les Mystères de la Mère de Dieu dévoilés par Joach. Vilate» Paris, 1795. in 8, réimprimés à la suite du «Vieux Cordelier» de Camille Desmoulins. Paris 1825, pp. 271—351; «Histoire des sectes religieuses» de Grégoire, t. II, 49 et suiv; voyez aussi la «Biographie universelle» et la «Nouv. Biographie générale» aux noms Théot (Cath.), Gerle (dom), Vilate, etc.

Indiquons encore sur l'histoire de la religion pendant la révolution, tout le tome I de l'«Histoire des sectes relig.» de Grégoire, consacré à la Théophilanthropie et aux fêtes.

La Thréicie, ou la seule voie des sciences divines et humaines, du culte vrai et de la morale (Par Gabriel-André Aucler). Paris, an VII (1799.). in 8 de 440 pp. Grégoire, dans son «Histoire des sectes rel.» t. II, 230, cite une première édition de Francfort, 1795. in 8 dont je n'ai pu trouver mention nulle part, pas même dans Ersch.

6*

Dans cet ouvrage, Aucler, voulait l'anéantissement du Christianisme et le rétablissemet du Paganisme. Voyez sur ce dernier des payens, la «Biographie universelle» mais surtout le chap. «Quintus Aucler» des «Illuminés» de Gérard de Nerval, qui analyse les idées bizarres d'Aucler, pp. 319—51.

* TORNÉ-CHAVIGNY (l'abbé H.), curé de Saint-Denis-du-Pin.

Cet abbé, peut être le dernier commentateur des Centuries de Nostradamus, est auteur d'une quinzaine de brochures ou ouvrages de peu d'étendue sur le grand astrologue. Un des plus curieux est: *Prophéties, dites d'Olivarius et d'Orval interprétées par leur auteur Nostradamus, le grand Prophète. Recherches et commentaires.* Angoulême, 1872. gr. in 8 de 96 pp. Dans cet ouvrage, l'abbé veut prouver que les prophéties de Philippe-Dieudonné-Noel Olivarius et celles du Solitaire d'Orval sont du même auteur, et que cet auteur n'est lui-même, que Michel Nostradamus. Sa fable, du reste la même que celle déjà exposée par Eug. Bareste, est peu acceptable, car rien ne l'appuie dans les documents qu'on possède sur la vie de Nostradamus.

Tous ces écrits de Torné-Chavigny tendent à prédire le rétablissement de la branche aînée de la famille des Bourbons sur le trône de France, en la personne de Henri V.

* TOWIANSKI (André).

Erdan s'est occupé de lui, voy. plus haut à Mickie-
witz.

V.

VALLÉES (Marie des), ou de Coutances.

Cette mystique illuminée, fille d'un paysan d'un village
entre Caen et Bayeux, morte en 1656 (Grégoire dit en
1655), n'a pas écrit ses rêveries, mais d'autres se sont
chargés de le faire pour elle, principalement le père Jean
Eudes, frère de l'historien Eudes de Mezeray, fondateur
de la congrégation des Eudistes; il est auteur de *Recueil des apparitions et visions de la soeur Marie
des Vallées*, et surtout d'une *Histoire de la vie de
Marie des Vallées*, 3 vol. in 4, restée manuscrite, dont
il y a des copies en assez grand nombre, et dont un
extrait seulement a été publié, dit Grégoire.

Marie des Vallées s'engagea à souffrir tous les sup-
plices de l'enfer pour en garantir les pécheurs. Dieu la
prit comme une balle, et la jeta, de toute sa raideur,
dans le plus profond de l'enfer....... Elle a servi de
médiatrice pour les hommes et elle a guéri Jesus-Christ du
courroux qui le travaillait contre le péché.... Un jour
elle se vit elle-même dans le Saint-Sacrement. En 1646,
Jesus-Christ lui ordonna d'aller au ciel, saluer tous les

Saints; elle s'y rendit, et voyant les Saints qui ne fai-
saient rien, elle les prit pour des fainéans, et voulait
les chasser pour aller travailler au salut des âmes.....
Dieu la destinait à la conversion du monde entier
associée à douze frères, qui seraient douze apôtres.... En
voilà assez sur ces rêveries; voyez l'«Histoire des sectes
relig.» de Grégoire, t. II, 282 et suiv

La «Bibliothèque histor. de la France» du P. Lelong,
IV, n.°s 48195 à 48202, cite plusieurs ouvrages, presque tous manuscrits, sur cette rêveuse.

W.

WILHELMUS de Stuttgardia (Wilhelm Holder).
*Mus exenteratus, hoc est tractatus valde magis-
ralis super questione quadam theologali, spinosa et
multum subtili, ut intus, scriptus pro redimanda ve-
xa, ad magnificum, scientificum, etc., Joh Pistorium
Nidanum, theologum sicut abyssi maris profundum;
per fratrem Wilhelmum de Stuttgardia, ordinis mi-
norum.* Tubingae, 1593, pet. in 4, et autres éditions.

M. J.-F.-M. Albert a consacré une notice, dans ses
«Recherches sur quelques écrivains ridicules» à cet ouvrage dont il parle ainsi: «Ce n'est pas l'ouvrage dont
nous venons de donner le titre que nous signalons comme

ridicule, mais les discussions théologiques dont il fait la satire. Ce frère Wilhelm, de Stuttgard, était Wilhelm Holder, curé de la cathédrale de Stuttgard. C'était un homme d'un esprit à la fois mordant et jovial, il a voulu, dans son ouvrage, se moquer de certaines opinions qui poussaient l'interprétation des dogmes jusqu'au ridicule; il s'est plus particulièrement occupé du dogme de la transubstantiation.....»

Tout l'ouvrage roule sur cette question: si un rat ou tout autre animal ronge ou mange une hostie consacrée, ronge-t-il ou mange-t-il le corps même de Jésus-Christ? Holder, à grands renforts de citations étudie la question et toutes ses conséqueuces. Quérard a publié la notice, la première fois, dans «le Bibliothécaire (1844), 1-er et unique N, la seconde fois dans «le Quérard» (1856) pp. 61—65; on la retrouve abrégée dans «Curiosités théologiques, par un bibliophile (Gustave Brunet)». Paris-1861, pp. 187—82.

WINCHESTER (Elkanan).

Il est auteur de: *A Course of Lectures on the Prophecies that remain to be fulfilled.* London, 1790 4 vol. in 8.

Winchester soutient qu'à l'ouverture du millenium, l'empire turc sera affaibli pour faciliter aux juifs leur retour à Jérusalem.... Les douze tribus sont dans la Pa' lestiné, sous le gouvernement du Sauveur. Jérusalem est rebâtie; elle est le rendez-vous de tous les peuples pour adorer Dieu dans un temple nouveau.... Winchester fait observer qu'en Amérique toutes les grandes rivières coulent à l'est, pour faciliter aux Juifs de s'embarquer sur l'Atlantique, et d'arriver en Terre-Sainte. Jésus-Christ viendra à l'équinoxe du printemps ou d'automne; son corps lumineux, suspendu dans les airs sur l'équateur, pendant vingt-quatre heures, sera vu de l'un à l'autre pôle, et par tout le monde... Voyez l' ‹Histoire des sectes religieuses› de Grégoire, t. II, 342 et suiv.'

* WRONSKI (-Hoëné).

Erdan a consacré aux idées d'Hoëné Wronski un long article, dans sa ‹France mystique› t. II, 1—42, avec le portrait de ce philosophe mathématicien.

* WURTZ (l'abbé Jean Wendel—).

Les Précurseurs de l'Anté-Christ, histoire prophétique des plus fameux impies qui ont paru depuis l'établissement de l'Eglise jusqu'à l'an 1816, ou la Révolution prédite par Saint Jean l'Evangéliste.... V-e édition en 1816, et VII-e en 1816; les quatre premières éditions parues en 1816, portaient le titre de ‹L'Appollyon de l'Apocalypse, ou la Révolution..... Lyon, 1816. in 8.

Dans cet ouvrage, l'abbé J. Wendel-Wurtz dit entre autres, qu'en 1913 on entendra les premiers sons de la trompette, alors commenceront les malheurs, mais l'homme de péché, l'Ante-Christ, qui aura paru en 1912, régnera quarante cinq ans, il sera exterminé en 1957.

L'abbé Wendel-Wurtz fut suspendu de ses pouvoirs ecclésiastiques à cause de cette publication.

Y.

Y-k-f. (S.-F. Yakovleff).

Essai d'une solution en économie politique. Par *S. F. V-k-f.* Moscou, imprimerie de Gautier, 1883, in 8.

L'auteur a voulu donner son opinion sur le numéraire en rapport avec le salaire du travail; mais, sans parler du style qu'on ne pouvait demander à un étranger, ce livre, d'un bout à l'autre, n'a pas le sens commun.

A la page 47, on trouve l'indication d'un ouvrage intitulé *Idealis umbra sapientiae generalis,* œuvre du Père Esprit Sabbathier. La transcription de ce titre rectifie trois erreurs. D'abord Klosz: *Bibliographie der Freimaurerei* appelle l'auteur Sabatier, et non, Sabbathier qui est le nom véritable; M. Ladrague se trompe en donnant l'ouvrage au P. François-Marie, qui n'en est que l'éditeur; Philomneste junior copie ce dernier, mais il fait du P. François-Marie un François Morin, capucin.

Errata des principales fautes d'impression.

Page		ligne			lisez	
»	4.	»	23.	leur.....	»	leurs.
»	9.	»	11.	réjdondit	»	répondit
»	16.	»	20.	rois . . .	»	roi.
»	16.	»	23.	ces	»	ses
»	20.	»	17.	Germanice	»	Germaniae
»	26.	»	1.	Albert	»	Albert
»	27.	»	15.	que e	»	que je
»	32.	»	16.	Connuis	»	connais
»	33.	»	21.	raitant	»	traitant
»	34.	»	21.	Mysère	»	Mystère
»	42.	»	9.	Lyons	»	Lyon,
»	43.	»	20.	publié	»	publiée
»	45.	»	22.	Evanelioium	»	Evangeliorum
»	48.	»	14.	Irvingisme	»	l'Irvingisme
»	67.	»	14.	ibylle	»	sibylle.
»	75.	»	1.	Je	»	Le
»	82.	»	10.	Jéresalem	»	Jérusalem
»	82.	»	11.	1883	»	1838
»	83.	»	5.	npu... ele	»	pu.... elle
»	84.	»	2.	retablissemet	»	rétablissement
»	87.	»	24.	lent	»	leur